Inhaltsverzeichnis

2. Ausbildungsjahr

Lernfeld 2.1: Verkauf aktiv gestalten

Lernfeld 2.2: Waren kundenorientiert verkaufen

Lernfeld 2.3: Speisen herstellen und anrichten

Lernfeld 2.4: Produkte verkaufsfördernd präsentieren

3. Ausbildungsjahr

Lernfeld 3.1: Besondere Verkaufssituationen gestalten

Lernfeld 3.2: Waren fachlich fundiert verkaufen

Inhaltsverzeichnis

Verkaufsvorgang: Erscheinungsbild, nonverbale und verbale Sprache

Der erste Eindruck ist entscheidend für den Verkaufserfolg, wenn der Kunde beim Eintritt in den Laden die Fachverkäuferin sieht und wenn die ersten Kontakte beim Verkaufsvorgang entstehen. Sie diskutieren deshalb mit Ihren Kolleginnen verschiedene Verkaufssituationen und versetzen sich dabei auch in die Lage der Kunden.

1 Beantworten Sie anhand der Abbildung, wie eine Fachverkäuferin in der Bäckerei/Konditorei mit ihrem Erscheinungsbild sofort positiv auf die Kunden wirkt.

Persönliches Erscheinungsbild:

-
-
-

Darstellung als Team:

-

Den Kunden zeigen, von wem sie bedient werden:

-

2 Wie bringt eine Fachverkäuferin mittels bewusst eingesetzter Körpersprache (nonverbale Ausdrucksweise) beim Verkaufsvorgang zum Ausdruck, dass der Kunde im Geschäft willkommen ist?

Positive Einstellung mit der Mimik ausdrücken:

Höflichkeit beim Gespräch und Verkauf zeigen:

Mit der Körperhaltung Einsatzbereitschaft signalisieren:

3 Nennen Sie die drei Möglichkeiten der Körpersprache, an denen die Gedanken und Gefühle, z. B. Zustimmung und Abneigung, der Fachverkäuferinnen und auch der Kunden zu erkennen sind.

-
-
-

4 Zählen Sie charakterliche und soziale Kompetenzen (Fähigkeiten) auf, die eine Fachverkäuferin für die Tätigkeit im Verkauf haben soll.

-
-
-
-
-
-
-
-
-

5 Die Fachverkäuferin soll eine deutliche, verständliche und korrekte Sprache sprechen, die von Personen jeden Alters und jeder Herkunft verstanden wird. Die Sprache muss deshalb den entsprechenden Kunden angepasst werden. Ergänzen Sie die Lücken in den Wörtern, die sich darauf beziehen.

L			T			Ä			E

	U		D				K		W			S	

S					H	T				O

		A			K	

Name:	Klasse:	Datum:

Verkaufsvorgang: Fragen beim Verkaufsgespräch

Während des Verkaufsvorgangs erfahren Sie durch gezielte Fragen die Wünsche der Kunden. Damit Ihre Fragen nicht den Einkauf bremsen oder sogar beenden, überlegen Sie sich verschiedene Fragetechniken

1 Ergänzen Sie den Satz, der erklärt, dass die 1. Frage der Fachverkäuferin nicht sachgemäß ist. Der Kunde äußert seinen Wunsch ungenau und kann das gewünschte Brot nicht benennen, weil

Kunde: „Ich möchte bitte ein Brot."

Fachverkäuferin, die nicht sachgemäß ist: „Welches Brot hätten Sie gerne?"

Kundenantwort: „Welche Brote haben Sie denn?"

Tragen Sie die Antwort ein, mit der die Fachverkäuferin auf den ungenauen Wunsch des Kunden reagieren sollte.

Korrekte Antwort der Fachverkäuferin:

Kunde: „Ich hätte gerne ein Roggenbrot."

Die Fachverkäuferin zeigt auf die entsprechenden Brote.

2 Fragen werden manchmal zum genauen Erkunden des Kaufwunsches gestellt, z. B.:
Kunde: „Am Samstag bekomme ich Besuch. Dafür möchte ich eine Torte bestellen."

Frage der Fachverkäuferin:

3 Lesen Sie die folgenden Dialoge und beschreiben Sie die Fehler der gestellten Fragen der Fachverkäuferin. Formulieren Sie anschließend jeweils die korrekte Frage der Fachverkäuferin.

Eine Kundin steht vor den Teegebäckmischungen mit 250 g und 500 g und sagt: „Ich hätte gerne Teegebäck."

Fachverkäuferin: „Wollen Sie die 250 g Teegebäckmischung?"

Fehler der Fachverkäuferin:

Korrekte Frage:

Kunde: „Ich möchte gerne Bienenstich."

Fachverkäuferin: „Möchten Sie ein Stück?" Kunde: „Ja."

Fehler der Verkäuferin:

Korrekte Frage:

Nach dem Verpacken des Bienenstichs fragt die Fachverkäuferin: „Haben wir es dann?" Kunde: „Ja."

Fehler der Fachverkäuferin:

Korrekte Frage:

Verkaufsvorgang: Empfehlen der Waren

Kunden stellen der Fachverkäuferin Fragen, wenn sie das Warenangebot der Bäckerei/Konditorei nicht genau kennen und wenn sie nicht wissen, welche Waren sie zu einem bestimmten Anlass kaufen sollen. Ihre Aufgabe ist es dann, den Kunden Waren zu empfehlen.

1 Ein Kunde kennt im folgenden Beispiel das Warenangebot Ihres Betriebs nicht. Empfehlen Sie die Waren so, dass dem Kunden die Kaufentscheidung leichter fällt.

Kunde: „Ich hätte gerne verschiedene Gebäcke zum Nachmittagskaffee."

Fachverkäuferin:

2 Was beachten Sie beim Empfehlen der Waren, wenn sich z. B. zum Nachmittagskaffee fast alle Gebäcke in der Gebäcktheke eignen?

3 Beschreiben Sie, wie Sie nonverbal die Waren für die Kunden anschaulicher machen können und die Kaufentscheidung dadurch erleichtern.

4 Sie haben dem Kunden Gebäcke zum Kaffee empfohlen.
Erklären Sie, wie sich hier ein Zusatzverkauf ergeben kann.

5 Eine Kundin fährt mit ihrer Familie einige Tage in Urlaub und möchte sich Feine Backwaren aus Ihrer Bäckerei/Konditorei mitnehmen. Formulieren Sie Ihre Empfehlung.

6 Wie bietet eine Fachverkäuferin Waren mit Fantasienamen an, die der Kunde vom Namen her nicht kennt?

Beispiel: „Unser Sovitalbrot kann ich Ihnen empfehlen."

Name:	Klasse:	Datum:

Verkaufsvorgang: Kundenberatung

LF 2.1

Kunden möchten über die Erzeugnisse der Bäckerei/Konditorei genau informiert werden, weil sie erst von den Waren überzeugt sind, wenn sie eine genaue Vorstellung davon haben. Sie geben für jedes Erzeugnis und jede Frage andere Verkaufsargumente bei der Kundenberatung.

1 „Was sind denn eigentlich Croissants?", fragt ein Kunde. Geben Sie präzise Informationen.

2 Ein Kunde möchte wissen, woraus eine Herrentorte besteht. Beschriften Sie die Abbildung entsprechend.

-
-
-

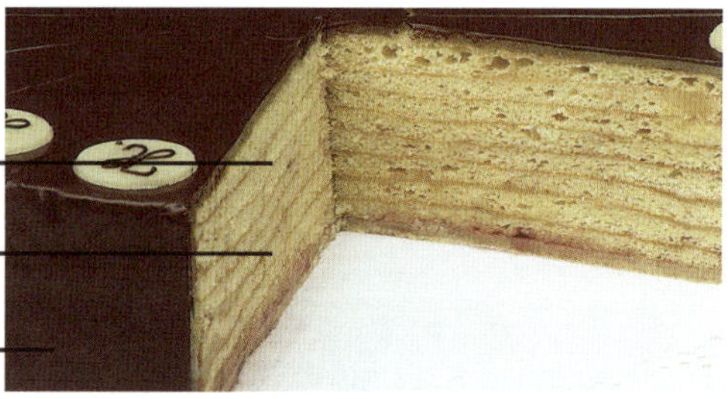

3 Ein Kunde möchte einer älteren Person zum Krankenhausbesuch gut bekömmliche Gebäcke zum Tee mitbringen. Empfehlen Sie geeignete Gebäcke und beraten Sie den Kunden.

4 Ein Kunde kauft Mürbeteigplätzchen und Spritzgebäcke und fragt: „Wie lange bleiben diese Gebäcke frisch? Und wie soll ich die Gebäcke am besten aufbewahren, damit sie nicht alt werden?" Informieren Sie den Kunden mit verständlichen Verkaufsargumenten.

5 Benennen Sie mithilfe des Silbenrätsels allgemein die Verkaufsargumente der Bäckerei-/Konditoreierzeugnisse, über die die Kunden bei der Beratung informiert werden wollen.

AUF – BE – BE – FRISCH – FEN – GE – GE – HAL – HEIT – HEITS – RUNG – SCHAF – SCHMACK – SUND – TA – TEN – TUNG – WAH – WERT – ZU

- G
- B
- Z
- G
- F
- A

6 Nennen Sie geläufige Geschmacksangaben für Bäckerei-/Konditoreierzeugnisse bei der Beratung.

7 Beschreiben Sie allgemeine Qualitätsmerkmale folgender Gebäckbestandteile und Gebäcke:

Kruste:

Krume:

Füllungen:

Kekse, Florentiner:

Verkaufsvorgang: Besonderheiten bei der Kundenberatung

Während einer Fortbildung bearbeiten Sie in Workshops folgende Themen: Wie verhält es sich mit Fachausdrücken bei der Kundenberatung? Können Sie Mengenempfehlungen geben? Wie sind Zusatzverkäufe möglich, ohne bei den Kunden aufdringlich zu wirken?

LF 2.1

1 Folgende Aussage ist nicht sehr hilfreich: „Plunderteig ist leichter Hefeteig, dem Ziehfett touriert wird." Ergänzen Sie die Aussage verständlich.

„Plunderteig ist leichter, ______ Hefeteig, dem Ziehfett

touriert wird, d. h., beim Tourieren ______

______

Wie sollten Fachausdrücke bei der Kundenberatung verwendet werden?

______

______

Erklären Sie weitere Fachausdrücke beim Beratungsgespräch, z. B. Aprikotieren, Läuterzucker, Abflämmen von Obstbaisertorten, Melieren von Eischnee in das schaumige Eigelb, Marzipan modellieren.

2 Der Kunde möchte Waren zum Kaffeetrinken kaufen. Er hat acht Personen zu Gast und weiß nicht genau, wie viel Stück er mitnehmen soll. Geben Sie eine ungefähre Mengenempfehlung.

______

______

______

3 Ein Kunde macht folgende Feststellung: „Ihre Waren sind insgesamt teurer als die tiefgefrorenen im Supermarkt." Erklären Sie ihm den höheren Preis Ihrer Waren im Fachgeschäft.

______

______

______

______

______

4 Erklären Sie den Begriff „Zusatzverkauf", indem Sie den Satz ergänzen:

Der Kunde kauft Ware und die Fachverkäuferin

______

Beispiel: **Kunde:** „Für meine Party möchte ich zu den Getränken einige Laugenbrezeln."

Zusatzempfehlung: „Zu den Laugenbrezeln könnten Sie Ihren Gästen auch noch

______ anbieten.

Der Kunde kann noch eher überzeugt werden, wenn die Fachverkäuferin den Nutzen deutlich macht, z. B.:

______

______

Name:	Klasse:	Datum:

Verkaufsvorgang: Verkaufsablauf, Kassieren, Verabschieden

Sie sollen einer neuen Auszubildenden den üblichen Verkaufsablauf von Kleingebäcken erklären. Anschließend zeigen Sie ihr das richtige Kassieren und erläutern ihr, wie Kunden am Ende des Verkaufsvorgangs verabschiedet werden.

1 Ein Kunde wünscht verschiedene Waren. Ergänzen Sie mit folgenden Wörtern den Text, der erklärt, wie eine Fachverkäuferin die Waren übersichtlich herrichtet, verpackt und dem Kunden übergibt.

Pappteller – Gebäckzange – tippt – tippt – verpackt – Verpacken – Verkaufstheke – Arbeitsplatte der Verkaufstheke – sauberen Händen – Körbchen – Handschuhen – Kasse – spricht – Schweigen vernachlässigt – trocken – eingedrehten – Kasse

- Ein Kunde möchte Kaiserbrötchen, Mehrkornbrötchen und Brezeln kaufen. Da die Kruste der Kleingebäcke __________ ist, können diese Backwaren von der Fachverkäuferin entweder mit __________ oder mit dünnen __________ angefasst werden.
- Die Fachverkäuferin legt die Kleingebäcke übersichtlich in ein __________ oder direkt auf die __________, bis der Kunde seine Wünsche geäußert hat.
- Dann __________ sie den Betrag in die __________ ein, __________ die Kleingebäcke in eine Papiertüte und legt diese mit der __________ Seite zum Kunden griffbereit auf die __________.
- Außerdem wünscht der Kunde Feine Backwaren, die die Fachverkäuferin grundsätzlich mit einer __________ anfasst. Druckempfindliche Waren legt sie auf einen __________ und packt sie in eine Papiertüte. Sie __________ auch diesen Betrag in die __________ ein und stellt die Ware nach dem __________ auf die Verkaufstheke.
- Bei den Arbeiten bzw. beim Verpacken __________ die Fachverkäuferin weiterhin mit dem Kunden, damit sich der Kunde nicht durch längeres __________ fühlt.

2 Beschreiben Sie schrittweise den Kassiervorgang, damit er für den Kunden leicht nachvollziehbar ist.

Auf dem Display erscheint der Gesamtbetrag: __________

Der Kunde bezahlt: __________

Das erhaltene Geld ablegen: __________

Geldrückgabe: __________

Der Kunde akzeptiert das zurückerhaltene Geld: __________

Damit der Kunde die Beträge kontrollieren kann: __________

Abschluss: __________

Üben Sie das Abzählen von Rückgabegeld nach der Aufzählmethode mit verschiedenen Beträgen.

3 Beschreiben Sie allgemein das Verabschieden der Kunden, das ähnlich der Begrüßung erfolgt.

____

____

Verkaufsvorgang: Gesprächsführung

Gemeinsam mit Ihren Kolleginnen analysieren Sie die einzelnen Schritte eines Verkaufsvorgangs von der Begrüßung über das Empfehlen, Verpacken und Kassieren bis hin zur Verabschiedung.

Vervollständigen Sie im Folgenden einen kompletten Verkaufsvorgang mit dem Stammkunden Herrn Schmid.

Nonverbale Signale bei der Begrüßung:

Verbale Begrüßung und Interesse am letzten Einkauf: Der Kunde hatte Joghurtsahnetörtchen gekauft.

Erfragen des Kaufwunsches:

Kunde: „Meine Familie kommt zu Besuch. Dafür hätte ich gerne für nachmittags eine Torte zum Kaffee."

Fachverkäuferin:

Kunde: „Ihre Sahnetorten sind immer sehr lecker. Kann ich auch zwei halbe verschiedene Sahnetorten bekommen?"

Fachverkäuferin:

Kunde: „Das wäre schön, wenn Sie das machen könnten."

Fachverkäuferin:

Nonverbale Geste während des Empfehlens:

Kunde: „Wenn es möglich ist, stellen Sie mir bitte eine Torte aus Schokosahne-, Käsesahne- und Weinsahnetorte zusammen."

Fachverkäuferin:

Bestätigung der Fachverkäuferin während des Verpackens, dass die Kundin gut gewählt hat:

Die Fachverkäuferin stellt die Tortenschachtel sicher auf die Verkaufstheke und führt den Verkaufsvorgang fort:

Nachdem der Kunde keinen Wunsch mehr hat, kassiert die Fachverkäuferin. Die Torte kostet: 38,00 €.
Der Kunde bezahlt mit 100 €. Üben Sie das korrekte Kassieren.
Verabschieden Sie den Kunden mit persönlichem Wunsch:

Name:	Klasse:	Datum:

Kundengruppen

LF 2.1

Zu den Marketingmaßnahmen Ihres Betriebs gehört das Bedienen der Kunden nach deren persönlichen Bedürfnissen. Im täglichen Verkauf sollen Sie die einzelnen Kundengruppen erkennen und sie entsprechend ihren individuellen Eigenheiten bedienen.

1 Erkennen Sie die beiden dargestellten Kundengruppen gleich zu Beginn des Verkaufsvorgangs. Ergänzen Sie die Beschreibung der Kundengruppen mit den vorgegebenen Wörtern.

Zufriedenheit – private – eingehen – Stammkunden – Bedürfnisse – Namen – Namen – gelegentlich – großzügig – regelmäßig – persönlich begrüßen – Eigenheiten – spontan – Vorlieben

Es sind __________, die __________ __________ in einem Betrieb einkaufen.

Behandlung:

- Diese bekannten Kunden mit __________ ansprechen.
- Sie kennen deren __________ und reagieren auf persönliche __________.
- Allgemeine __________ Situationen ansprechen.
- Diese treuen Kunden immer __________ __________ bedienen, damit sie dem Betrieb erhalten bleiben.

Diese Kunden kaufen __________ in einem Betrieb ein oder sie kommen zufällig am Geschäft vorbei und kaufen __________ ein.
Behandlung:

- Auch diese Kunden freundlich und zur vollen __________ bedienen.
- Den __________ von Gelegenheitskunden in Erfahrung bringen, um sie beim nächsten Einkauf __________ zu können.
- Persönliche __________ von Gelegenheitskunden erkennen und darauf __________.

2 Benennen Sie jeweils die in Stichwörtern beschriebene Kundengruppe und bilden Sie aus den Wörtern vollständige Sätze, die die spezielle, fachgerechte Behandlung jeder Kundengruppe beschreiben.

empfindsam – gleichberechtigt – Kinder – wie Erwachsene

Kundengruppe:

Behandlung:

geduldig – hilfsbereit – hilfsbedürftige ältere – Kunden – verständlich sprechen

Kundengruppe:

Behandlung:

alles zeigen – Nationalitäten – nicht zu viel sprechen – deutlich – wenig Deutsch verstehen

Kundengruppe:

Behandlung:

Kundentypen

Sie unterhalten sich mit Ihren Kolleginnen über verschiedene Kunden und stellen fest, dass sie zwar unterschiedliche Persönlichkeitsmerkmale haben, jedoch manche dieselben Eigenheiten besitzen. Deshalb versuchen Sie, die Kundentypen zu erkennen, um sie persönlich zu bedienen.

1 Benennen Sie zuerst die abgebildeten Kundentypen und beschreiben Sie anschließend, wie diese Kunden bedient werden sollen.

- Er fragt, ob es preisgünstigere Waren gebe.
- Er will wissen, ob sich der Vorteil von teurer Ware lohne.

Persönliche Bedienung:

Bei Waren mit höheren Preisen:

- Er möchte wissen, welche Zutaten in den Waren enthalten seien.
- Er wünscht nur Waren mit natürlichen Zutaten ohne Lebensmittelzusatzstoffe.

Persönliche Bedienung:
- Möglichst naturbelassene Waren anbieten, z. B.
- Wareninformation:

- Er hat einen hilfesuchenden Blick.
- Er weiß nicht genau was er will und kann sich somit nicht entscheiden.

Persönliche Bedienung:
-
-

- Er wünscht nur hochwertige Erzeugnisse mit besten Zutaten.
- Er akzeptiert gehobene Preise für beste Waren.

Persönliche Bedienung:
-
-

2 Tragen Sie bei der Erkennung der Kundentypen und beim persönlichen Bedienen den Buchstaben des entsprechenden Kundentyps ein.

Kundentypen		Erkennung der Kundentypen		Persönliches Bedienen	
A	Der eilige Kunde		Er ist wortkarg und antwortet nur auf Fragen und nur das Nötigste.		Keine besserwisserischen Belehrungen geben und, wenn gewünscht, fachlich genau beraten.
B	Der schweigsame Kunde		Er kennt teilweise Zutaten und Herstellungsweisen und verwendet Fachausdrücke.		Wenn er warten muss, zu verstehen geben, dass er gleich bedient wird und ihn dann möglichst schnell bedienen.
C	Der fachkundige Kunde		Er wartet ungeduldig, wirkt hektisch und versucht sich manchmal vorzudrängeln.		Direkte Fragen stellen, sodass der Kunde antworten muss, und das Minenspiel beobachten.

Name:	Klasse:	Datum:

Kaufmotive

LF 2.1

Ein Kunde wünscht ein Weizenbrot, da er kein Brot mehr für das Frühstück im Haus hat. Weil es im Laden so verlockend nach den frisch gebackenen Berlinern duftet, kauft er auch noch zwei Berliner. Sie bemerken, dass die Kaufmotive vom Verstand und auch vom Gefühl geleitet werden.

1 Geben Sie anhand der folgenden zwei Beispiele an, ob der Einkauf des Kunden mehr aus verstandesmäßigen oder gefühlsmäßigen Gründen erfolgt.

„Die Pralinen sehen aber edel aus. Da nehme ich 200 g für meinen Besuch mit."

Kaufmotiv:

„Ich hätte gerne Bio-Vollkornbrötchen, weil wir nur Bio-Erzeugnisse essen."

Kaufmotiv:

2 Nennen Sie Gründe, die die Kunden bei folgenden Wünschen zum Kauf bewegen, und tragen Sie bei einem verstandesmäßigen Motiv ein „V" und bei einem gefühlsmäßigen Motiv ein „G" ein.

Kundenaussagen	Motiv	Gründe, die zum Kauf führen
„Könnten Sie mir bitte das Brot in Scheiben schneiden?"		
„Ich sehe gerade in der Getränkekarte, dass Sie einen reizstoffarmen Kaffee haben. Den hätte ich gerne."		
„Wie jeden Tag möchte ich zur Brotzeit einen belegten Snack."		
„Welche Gebäcke haben Sie diese Woche im Angebot?"		
„Die frischen Brezeln, die Sie gerade aus dem Backofen nehmen, riechen gut. Von denen nehme ich fünf Stück."		
„Die Heidelbeersahnetörtchen sind neu, oder? Die möchte ich gerne probieren. Geben Sie mir bitte ein Stück.		
Wegen der angenehmen Ausstrahlung der Fachverkäuferin kauft ein Kunde etwas mehr als er beabsichtigte.		
„Ich möchte bitte ein glutenfreies Brot."		
„Meiner Nachbarin wurde eine Torte mit einem Bild von ihr darauf geschenkt. So eine möchte ich auch bestellen."		
„Ich möchte Marmorkuchen, jedoch nur mit Butter hergestellt und mit Schokolade überzogen."		
„Die Pralinen sind aber schön verpackt. Die nehme ich als kleines Geschenk für meine Eltern."		

3 Nennen Sie Möglichkeiten, wie gefühlsmäßige Kaufmotive bei Kunden wachgerufen werden können.

-
-
-
-
-
-

Zahlungsbedingungen

Während der Einführung einer neuen Kollegin zeigen Sie das korrekte Kassieren, die häufigste Zahlungsart beim Verkaufsvorgang. Sie sollen ihr aber auch die anderen Zahlungsarten erklären, die im Bäckerei-/Konditoreibetrieb möglich sind.

1 Nennen Sie gebräuchliche Zahlungsarten in der Bäckerei/Konditorei.

- Mit Münzen und Geldscheinen: ____________
- Der Kunde erhält eine Rechnung und bezahlt über seine Bank per ____________.
- Der Kunde steckt in das EC-Kartenlesegerät im Laden die ____________. Durch die Eingabe der ____________ erfolgt die ____________.

2 Tragen Sie die Fachbegriffe für die Zahlungsbedingungen in das folgende Zahlenrätsel ein. Gleiche Zahlen bedeuten gleiche Buchstaben wie im Beispiel „Rechnung".

R	E	C	H	N	U	N	G
15	9	4	20	26	7	26	8

Ein unbekannter Kunde bestellt eine mehrstöckige Hochzeitstorte sowie Sahnetorten und Obstschnitten zur Hochzeitsfeier. Sie verlangen sofort einen Teilbetrag.

3	26	18	3	20	24	7	26	8

Ein bekannt zahlungsschwacher Kunde gibt eine größere Bestellung auf. Die Waren müssen vor der Lieferung bezahlt werden.

1	16	15	3	7	21	18	3	20	24	7	26	8

Ihr Betrieb gewährt einem Stammkunden für eine Großbestellung einen Preisnachlass.

15	3	10	3	5	5

Eine Bäckerei/Konditorei kauft eine Verpackungsmaschine und bekommt bei Zahlung innerhalb von zehn Tagen einen Preisnachlass.

21	11	16	26	5	16

Für die neue Caféeinrichtung bezahlt der Betrieb eine festgelegte Anzahlung und begleicht die Restsumme monatlich in kleinen Beträgen.

15	3	5	9	26	18	3	20	24	7	26	8

3 Nachdem der Kunde, Lukas Reich, für die erhaltenen Backwaren 124,60 € bezahlt hat, möchte er als Nachweis der geleisteten Zahlung eine Quittung. Füllen Sie den Quittungsvordruck Ihrer Bäckerei bzw. Konditorei aus.

Quittung
Nr.

€ ____________

inkl. ______ % MwSt./€ ____________

€ ____________ Cent
in Worten wie oben

von ____________

für ____________

Betrag dankend erhalten

Ort: ____________

Datum: ____________

Stempel/Unterschrift des Empfängers

Name: Klasse: Datum:

Rechnungserstellung

Ein Kunde benötigt für seine Buchführung eine Rechnung für die Waren, die ihm Ihre Bäckerei/Konditorei geliefert hat. Sie erstellen eine Rechnung mit allen notwendigen Angaben.

Ein Kunde will seinen 50. Geburtstag mit ca.100 Gästen feiern. Für sein Büfett bestellt er zum Ladenpreis:

170 Kanapees	je 1,15 €
200 Brezeln	je 0,45 €
150 Blechkuchen	je 1,20 €
1 Geburtstagstorte	175,00 €

Die Waren werden am 08.03... geliefert.
Das Rechnungsdatum ist der 12.03...
Als Stammkunde bekommt der Kunde 8 % Rabatt.
Bezahlt der Kunde den Rechnungsbetrag innerhalb 10 Tagen, bekommt er 2,5 % Skonto.
Die Adresse des Kunden: Frank Reich, Hauptstraße 10, 58765 Neudorf

Geben Sie in der Rechnung auch die Adresse und Telefonnummer Ihrer Bäckerei/Konditorei an. Tragen Sie die Angaben in das Rechnungsformular ein und füllen Sie die Lücken aus.

______________________ ______________________
______________________ ______________________
______________________ ______________________
______________________ ______________________
______________________ ______________________

R__________

S______________ nummer: 08 11 54 54

R______________ nummer: 64 78 K______________ nummer: 42 03

R______________ datum: __________ L______________ datum: __________

Artikel	Stückzahl	Einzelpreis	Gesamtpreis
		Betrag der Waren:	
		– __________ Rabatt	
______________________			
enthaltene MwSt. ______ % = __________			
Nettobetrag ohne MwSt.			

zahlbar innerhalb von 30 Tagen ohne Abzug

zahlbar innerhalb 10 Tagen mit ______________ = __________ €

Rechnungsbetrag abzüglich Skonto: ______________

Sparkasse Tortenstadt, IBAN: DE09 7415 0000 0000 2233 44 BIC: SPATDE74XXX

Weizenkleingebäcke: Brötchen

Ein Kunde wünscht gemischte Brötchen. Sie bieten ihm verschiedene Weizenkleingebäcke an, und zwar so, wie sie in Ihrer Region bezeichnet werden.

1 Tragen Sie die Namen folgender Weizenkleingebäcke ein.

2 Benennen Sie die Bestandteile der Weizenkleingebäcke so, wie sie auch in anderen Backwaren benannt werden.

die Gebäckoberfläche:

die Rissbildung an der Gebäckoberfläche:

die vielen Hohlräume im Inneren der Gebäcke:

das Innere der Gebäcke:

Sie ergeben zusammen die:

Name:	Klasse:	Datum:

LF 2.2

Weizenkleingebäcke: Brötchen, Milchbrötchen

Auf einem Werbeplakat bieten Sie Weizenkleingebäcke an. Ein Kunde möchte wissen, was darunter zu verstehen ist. Sie erklären ihm nicht nur Weizenkleingebäcke, sondern auch Milchbrötchen.

LF 2.2

1 Geben Sie die Zutaten für eine Brötchenrezeptur mit Wasser an und stellen Sie heraus, wie sich die Milchbrötchenrezeptur davon unterscheidet.

Brötchenrezeptur mit Wasser	Unterschied der Milchbrötchenrezeptur
1 000 g ______	Statt ______ werden
560 g ______	650 g ______
40 g ______	zugegeben.
20 g ______	Milch enthält nur 87 % ______,
30 g ______	deshalb
______	muss mehr ______
______ g Teiggewicht	statt Wasser zugegeben werden.

2 Kreuzen Sie an, welche Zutaten in Backmitteln für Weizenkleingebäcke enthalten sind.

☐ Zuckerstoffe ☐ Emulgator (teigstabilisierend) ☐ Aromastoffe ☐ Malzmehl ☐ Öle

3 Vervollständigen Sie folgende Bestimmungen für Weizenkleingebäcke nach den Leitsätzen:

Mit welchem Mehl müssen Weizenkleingebäcke hergestellt werden?

Im Gesamtmehl müssen ______ enthalten sein.

Wann spricht man von Kleingebäcken in Bezug auf das Gebäckgewicht?

______

Wie unterscheiden sich Kleingebäcke von kleinen Gebäcken aus dem Angebot an Feinen Backwaren?

Sie enthalten weniger als ______

4 Benennen Sie die abgebildeten Milchbrötchen:

- ______
- ______

5 Kreuzen Sie die fünf Gebäckmerkmale an, die Milchbrötchen von Brötchen, die mit Wasser hergestellt werden, unterscheiden.

☐ hellere Kruste
☐ dunklere Kruste
☐ weiche Kruste
☐ rösche Kruste
☐ etwas gröbere Porung
☐ weiche, feinporige Krume
☐ feiner Milchgeschmack
☐ kräftiger Geschmack
☐ kurze Frischhaltung
☐ längere Frischhaltung

6 Warum sind Hamburger Brötchen besonders weiche Milchbrötchen? Ergänzen Sie den Satz.

Es sind Brötchen, die mit ______ und mit etwas ______ hergestellt werden.

Qualitätsmerkmale der Brötchen, Brötchenfehler

Die Bäckerinnung befragte Verbraucher, wie sie sich Brötchen vom Bäcker wünschen und welche Fehler Brötchen auf keinen Fall haben sollten. Beschreiben Sie die Verbrauchererwartung in diesen beiden Punkten.

1 Nennen Sie die Qualitätsmerkmale der Brötchen, so wie sie die meisten Kunden wünschen.

Aussehen der Kruste:

-
-

Beschaffenheit einer frischen Brötchenkruste:

Auswirkung des Ausbunds wegen des höheren Krustenanteils:

-
-

Geschmack:

2 Die Brötchengröße gibt Auskunft über die Porung und somit über die Qualität der Krume und den Geschmack der Brötchen. Beschreiben Sie die Eigenschaften.

ideale Brötchengröße:

Aussehen der Porung:

Krume beim Schneiden und Bestreichen:

Beschaffenheit der Krume:

3 Kreuzen Sie die Brötchenfehler bei Brötchen mit zu großer Porung und somit sehr großem Volumen an.

- [ ] zu trockene Krume
- [ ] zu feuchte Krume
- [ ] zu leer im Geschmack
- [ ] zu geringe Lockerung

4 Beschreiben Sie die Brötchenfehler, die auf den folgenden Abbildungen zu erkennen sind und die die Genussfähigkeit beeinträchtigen:

Krustenstärke:		
Krustengeschmack:		
Krumenbeschaffenheit:		

5 Unterstreichen Sie die Fehler, die bei Brötchen mit zu kurzer Backzeit auftreten.

- zu trockene Krume
- große Hohlräume im Brötchen
- zu helle Kruste
- zusammenballende Krume
- ungleichmäßige Porung
- schlecht schnittfähig

Name:	Klasse:	Datum:

Laugenbrezeln, Laugengebäcke

Ein Kunde bestellt für seine Feier spätnachmittags mehrere Laugenbrezeln und Laugengebäcke. Sie bieten ihm an, diese Backwaren kurz bevor er sie abholt, frisch zu backen. Dafür richten Sie auch die Brezellauge her.

LF 2.2

1 Nennen Sie bekannte Laugengebäcke.

Das Symbol der Bäckerei: ______

Laugengebäcke:

- ______
- ______
- ______
- ______
- Laugengebäcke aus Plunderteig: ______

2 Womit werden Laugenbrezeln und Laugengebäcke nach dem Belaugen bestreut?

______

______

3 Beschreiben Sie den Teig für Laugenbrezeln und Laugengebäcke und die Beschaffenheit der Gebäckkrume.

Teig	Auswirkungen des Teigs auf die Gebäckkrume
• fester ______ mit weniger Wasser	• ______ Krume
• mit etwas ______ im Teig	• ______ Krume

4 Mit welchen Zutaten wird Brezellauge in der Bäckerei gemischt?

Brezellauge besteht aus ______ und ca. 3,5 % ______.

Die Auswirkungen der Brezellauge auf die Laugengebäcke sind.

- ______
- ______

5 Erklären Sie die Qualitätsmerkmale frischer Laugenbrezeln und Laugengebäcke sowie die Veränderungen dieser schnell alternden Gebäcke.

Frische Laugenbrezeln und Laugengebäcke	Alternde Laugenbrezeln und Laugengebäcke
Kruste: ______	Kruste: ______
Krume: ______	Krume: ______

6 Geben Sie Auskunft, wann Laugenbrezeln und Laugengebäcke am besten schmecken.

______

Welche Möglichkeit haben Kunden, damit Laugenbrezeln und Laugengebäcke im Haushalt wieder die Qualitätsmerkmale frischer Gebäcke erhalten?

______

Erklären Sie, wie es sich mit dem Tiefgefrieren der Laugenbrezeln verhält, indem Sie den Text ergänzen:

Laugenbrezeln lassen sich sowohl als ______ als auch fertig ______ gut tieffrieren.

Der Grund ist die geringe ______ und das ______ im Teig.

Weizenbrote

Eine Kundin wünscht Weizenbrote zum Belegen für kleine belegte Brotscheiben (Kanapees) sowie Weizenbrot für das Frühstück am nächsten Tag. Sie informieren die Kundin über die verschiedenen Weizenbrote und deren Qualitätsmerkmale.

LF 2.2

1 Benennen Sie die bekannten drei Weizenbrote, auch Weißbrote genannt, die mit ihren Formen ein abwechslungsreiches Aussehen ergeben.

-
-
-

Aus welchem Teig werden die Weizenbrote hergestellt?

2 Beschreiben Sie die Bestimmungen für Weizenbrote nach den Leitsätzen.

Mehl: mindestens ______ ; bis zu 10 % anderes Mehl ist erlaubt, z. B. Roggenmehl.

Brotgewicht: mindestens ______

3 Der unterschiedliche Krusten- und Krumenanteil verändert die Weizenbrote, sodass die Kunden nach ihren persönlichen Bedürfnissen wählen können. Ordnen Sie diese mit Pfeilen den Weizenbroten zu.

Weizenbrote mit großem Volumen: Weizenlangbrote, Kastenweizenbrote

Lange, niedrige Weizenbrote mit kleinem Volumen: Stangenweizenbrote

hoher Krustenanteil
hoher Krumenanteil
milder Weizenbrotgeschmack
etwas kräftigerer Weizenbrotgeschmack
mehr Rösche bei jeder Weizenbrotscheibe
viel weiche Krume bei jeder Weizenbrotscheibe
etwas längere Frischhaltung der Weizenbrote

4 Informieren Sie bei der Kundenberatung über die Qualitätsmerkmale der Weizenbrote.

Aussehen der Kruste:

Krustenbeschaffenheit:

Krumenbeschaffenheit:

Geschmack:

5 Geben Sie Auskunft über die Frischhaltung der Weizenbrote, indem Sie die Lücken des Textes ausfüllen.

Weizenbrote möglichst ______ verkaufen. Sie schmecken frisch am besten, da sie schon in relativ kurzer Zeit die ______ und den frischen ______ verlieren.

6 Wofür empfehlen Sie Weizenbrote beim Verkauf?

Stangenweizenbrote zum Belegen von z. B.

Name:	Klasse:	Datum:

Spezielle Weizenbrote

Eine neue Auszubildende verwechselte Stangenweizenbrote mit Baguettes und wollte Kastenweizenbrot als Toastbrot verkaufen. In einem Lehrgespräch erklären Sie ihr die Unterschiede und die Besonderheiten der verschiedenen Weizenbrote.

LF 2.2

1 Unterstreichen oder markieren Sie die Besonderheiten bei der Herstellung von Baguettes und beschreiben Sie anschließend die Qualitätsmerkmale, die sich daraus ergeben. Finden Sie die Unterschiede zu den Stangenweizenbroten mithilfe der Seite 19.

Baguettes werden im Gegensatz zu Stangenweizenbroten aus einem weichen Weizenteig (mehr Wasser) mit wenig Hefe hergestellt. Der Teig erhält eine lange Teigruhe und lange Gärzeit, in der sich viele Geschmacksstoffe bilden und eine ungleichmäßige Porung entsteht. Vor dem Backen werden in die stangenförmigen Teiglinge mit einem scharfen Messer tiefe, lange Schnitte eingeschnitten, die beim Backen stark aufreißen (starker Ausbund) und eine kräftige Kruste ergeben.

Kruste:

Porung:

Geschmack:

2 Was ist beim Verkauf der Weizenbrote bezüglich der Frische zu beachten? Begründen Sie dies.

•

•

3 Ciabattas und Fladenbrote sind spezielle Weizenbrote wie das folgende Rezept zeigt. Tragen Sie die speziellen Zutaten in der Rezeptur ein.

Rezeptbeispiel: Ciabattas, Fladenbrote
1 000 g Weizenmehl
720 g ____________
(600 g bei Weizenbroten)
30 g Hefe
20 g Salz
40 g ____________

4 Informieren Sie die Kunden über die Besonderheiten und Qualitätsmerkmale der Ciabattas und Fladenbrote. Besonderheit der

Zutaten:

Krume:

Porung:

5 Toastbrotteige enthalten neben den Zutaten für Weizenbrote noch weitere Rohstoffe. Nennen Sie diese.

Zutaten für Weizenbrote sind: Weizenmehl, Wasser, Hefe, Salz, Backmittel

Weitere Zutaten für Toastbrote: •

• •

6 Nennen Sie die Qualitätsmerkmale der Toastbrote.

Kruste:

Krume:

7 Beschreiben Sie die Beschaffenheit der Toastbrotscheiben nach dem Toasten, die durch das Fett, die Milch und den Zucker im Toastbrot bewirkt wird.

Toastbrotscheiben außen:

Toastbrotscheiben innen:

Lockerung der Roggenteige

Eine neue Auszubildende vergleicht die gut gelockerte Krume eines Weizenbrotes und die kleine Porung eines Roggenbrotes. Sie möchte wissen, wie diese unterschiedliche Porung entsteht.

1 Vergleichen und beschreiben Sie die Lockerung der Weizen- und Roggenteige, indem Sie die Sätze ergänzen.

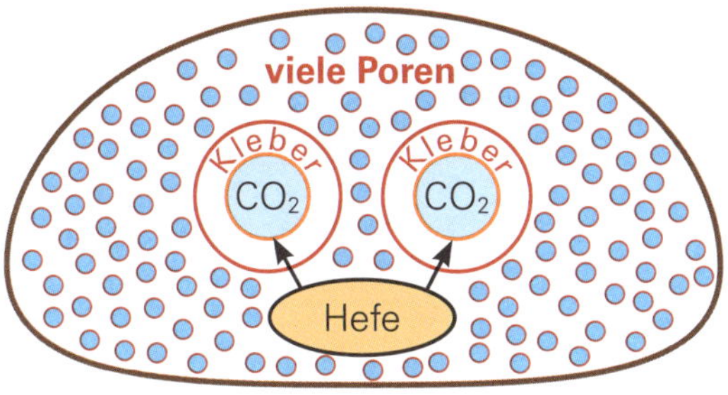

Weizenteige

Die Eiweiße des Weizenmehls – Gliadin und Glutenin – verbinden sich mit Wasser beim Kneten des Teigs zu einem … . Die Hefe erzeugt im Teig Gärgase, das … (CO_2).

Entstehung der Lockerung im Weizenteig

Der Kleber umschließt die Gärgase zu vielen … .

So werden Weizenteige bei der Gare gut … .

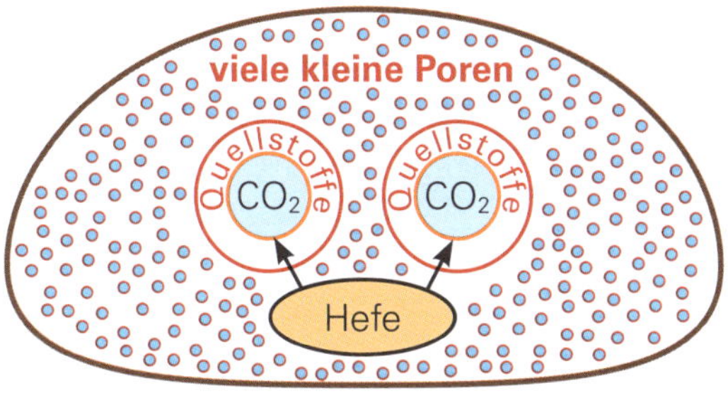

Roggenteige

Die Vielfachzucker … des Roggenmehls werden mit dem Teigwasser zu Schleimstoffen. Roggenmehle besitzen dieselben Eiweiße wie Weizenmehle. Die Pentosane legen sich beim Kneten des Teigs zwischen die … des Roggenmehls, sodass sich diese nicht verbinden können.

Roggenteige haben somit keinen … .

Entstehung der Lockerung im Roggenteig

Die Eiweiße, Schalenteile und Pentosane quellen beim Kneten im Teigwasser und werden zu klebrigen … . Diese können bei der Gare der Roggenteige die Gärgase nur schwach … , sodass viele … im Teig entstehen.

2 Bei Weizenteigen hält der Kleber nicht nur im Teig, sondern auch beim Backen die Gärgase zu Poren fest. Erklären Sie anhand der Zeichnungen die Vergrößerung und Lockerung der Roggenteiglinge vom Beginn des Backens (Ofentrieb) bis die Krume der Backwaren stabil ist. Vervollständigen Sie die Sätze.

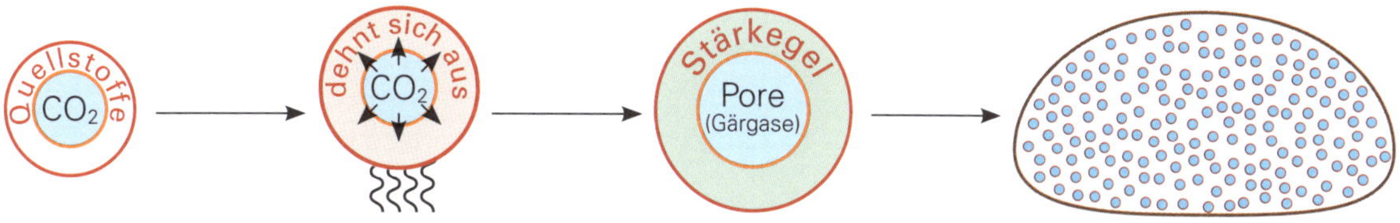

Pore im Roggenteig — Hitze im Backofen — Pore im Roggengebäck — kleine Porung im Roggengebäck

Die von der Hefe erzeugten Gärgase (CO_2) werden im Roggenteig von den … zu … festgehalten. Durch die Hitze im Backofen geben die Quellstoffe das vorher gebundene … ab, das nun von der … des Roggenmehls aufgenommen wird. Es bildet sich dadurch ein dehnbares … . Gleichzeitig … sich durch die Backhitze die Gärgase aus und … sich. Das … umhüllt nun die sich ausdehnenden … und hält sie zu … fest.

Name:	Klasse:	Datum:

Sauerteig, Teigsäuerungsmittel

Sie bieten einem Kunden Natursauerteigbrote an. Der Kunde möchte wissen, woraus Sauerteig besteht und warum dieser immer in roggenhaltigen Broten enthalten ist.

LF 2.2

1 Nennen Sie die zwei Rohstoffe, aus denen Sauerteig hergestellt wird, und geben Sie die zwei Arten der Mikroorganismen an, die im Sauerteig enthalten sind. Tragen Sie auch die Produkte ein, die bei der Stehzeit des Sauerteigs von den Mikroorganismen erzeugt werden.

Rohstoffe im Sauerteig

roggenhaltige Brote: ______

Vollkornbrote: ______

Mikroorganismen im Sauerteig

______ — Sie bilden:

zwei Säuren: ______ ______

Geschmacksstoff: ______

Lockerungsmittel: ______

______ — Sie bilden:

Lockerungsmittel: ______

Geschmacksstoff: ______

2 Beschreiben Sie, warum Roggenteige mit Säure hergestellt werden müssen. Setzen Sie folgende Begriffe in den Lückentext ein.

Stärke – Stärke – Stärkeabbau – Stärkegel – Enzyme – Gärgase – ungelockerter – Säure – verdaulich

Roggenteige ohne Säure:

Roggenmehle besitzen sehr viele stärkeabbauende ______ (Amylasen). Diese bauen einen großen Anteil der ______ im Roggenteig zu Malzzucker ab. So bleibt beim Backen zu wenig ______ zum Festhalten der Lockerungsgase übrig. Es würden Backwaren mit ______ Krume entstehen, die feucht und schlecht ______ sind.

Roggenteige mit Säure:

______ verhindert die Tätigkeit der Enzyme im Roggenteig,sodass kein ______ erfolgt. Die ______ des Roggenmehls bleibt dadurch erhalten und deshalb können beim Backen die ______ zur Lockerung festgehalten werden.

3 Sauerteig und auch Teigsäuerungsmittel haben Vorteile bei der Herstellung und für die Qualität der roggenhaltigen Brote. Ordnen Sie die angegebenen Vorteile entsprechend zu.

schnelle Brotherstellung – besserer Brotgeschmack – längere Frischhaltung –
Vermeidung von Brotfehlern – werbewirksam – kein Fachwissen nötig

Brote mit Sauerteig	Brote mit Teigsäuerungsmittel
•	•
•	•
•	•

Brotsorten nach den Mahlerzeugnissen

Manche Brote bieten Sie mit Fantasienamen an, z. B. Bergsteigerbrot oder Fitnessbrot. Sie erklären den Kunden die Brotsorten und Brotbezeichnungen nach den Bestimmungen der Leitsätze, die die Besonderheiten der Brote festlegen.

1 Nennen Sie die Brotsorten nach den verwendeten Mehlen und geben Sie den in den Leitsätzen vorgeschriebenen prozentualen Mehlanteil der Brotsorten an. Die Prozentzahlen beziehen sich auf das Gesamtmahlerzeugnis, aus dem das Brot hergestellt wird.

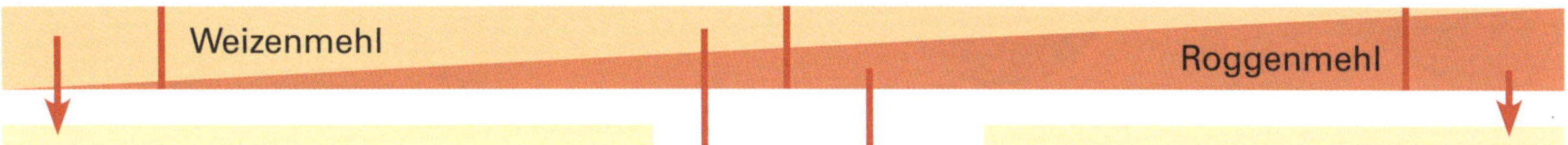

mindestens ____ % ____

mindestens ____ % ____

mehr als ____ %, weniger als ____ % Weizenmehl

mehr als ____ %, weniger als ____ % Roggenmehl

2 Bei Vollkorn- und Schrotbroten sind die Bestimmungen der Leitsätze ähnlich. Nennen Sie die Brotsorten, die aus den angegebenen Mahlerzeugnissen hergestellt werden:

mindestens 90 % Weizenvollkorn

mindestens 90 Roggenvollkorn

mindestens 90 % Weizenbackschrot

mindestens 90 % Roggenbackschrot

mindestens 90 % Roggen- und Weizenvollkorn in beliebigem Verhältnis

mindestens 90 % Roggen- und Weizenbackschrot in beliebigem Verhältnis

mindestens 90 % Dinkelmehl

mindestens 90 % Dinkelvollkorn

3 Geben Sie die Bezeichnungen der Brotsorten an, die folgende Mahlerzeugnisse enthalten:

60 % Weizenmehl, 40 % Roggenmehl:

95 % Roggenbackschrot, 5 % Weizenmehl:

90 % Roggenmehl, 10 % Weizenmehl:

90 % Roggenvollkorn, 10 % Weizenvollkorn:

50 % Roggenvollkorn, 50 % Weizenvollkorn:

80 % Roggenmehl, 20 % Weizenmehl:

90 % Dinkelmehl, 10 % Weizenmehl:

90 % Dinkelvollkorn, 10 % Weizenvollkorn:

4 Erklären Sie folgende Brotbezeichnungen nach den Bestimmungen der Leitsätze:

Sauerteigbrot:

Bauernbrot/Landbrot:

Ökobrot/Biobrot:

Name:	Klasse:	Datum:

Brotformen, Brotgewichte, Qualitätsmerkmale der Brote

LF 2.2

Ein Kunde wünscht Brote in unterschiedlichen Formen. Bei der Kundenberatung informieren Sie ihn über die Namen und Qualitätsmerkmale sowie die Besonderheiten der verschiedenen Brote.

1 Nennen Sie die Bezeichnung für die abgebildeten Brote, die sich aus der Brotform ergeben.

2 Die Fachverkäuferin bietet „gewürzte Brote" und „ungewürzte Brote" an. Beschreiben Sie diese Brote, indem Sie den Text mit folgenden Wörtern ergänzen.

gemahlene – deutlich wahrnehmbar – Brotgewürze – gemahlener – sensorisch – ganzer – keine Brotgewürze

Gewürzte Brote	Ungewürzte Brote
Sie enthalten ________ in ________ und in ________ Form. Die Brotgewürze müssen nach den Leitsätzen in diesen Broten ________ (mit den Sinnen) deutlich wahrnehmbar sein.	Sie enthalten entweder ________ ________ oder ________ Brotgewürze, die den Brotgeschmack abrunden, jedoch geschmacklich nicht ________ ________ sind.

3 Beschreiben Sie die Qualitätsmerkmale der Brote, wie sie von den Verbrauchern erwartet werden.

Äußeres:

-
-
-

Krumenbeschaffenheit:

-
-

Qualitätserhaltung:

4 Geben Sie die Verkaufsargumente für die verschiedenen Brote an.

Je mehr Weizenmehl im Brot, desto		Je mehr Roggenmehl im Brot, desto
	← **Sauerteig** →	
	← **Geschmack** →	
	← **Frischhaltung** →	

Brote: Frischhaltung und Aufbewahrung

„Wie lange hält Brot frisch und wie soll ich es im Haushalt am besten aufbewahren?", fragt eine Kundin. Sie geben ihr eine fachgerechte Auskunft.

LF 2.2

1 Die unterschiedliche Frischhaltezeit der verschiedenen Brote hängt hauptsächlich von zwei Faktoren ab. Ergänzen Sie den Text mit den Wörtern in der Antwortwolke mithilfe der Rezepte.

Roggenmehl, altern, Frischhaltung, Sauerteig, Wasser, länger, Wasserbindung, Eiweiße, Pentosane, quellen, lange erhalten, abgegeben, mehr, binden, Quellzeit, Stärke

Warum nimmt Roggenteig mehr Wasser auf als Weizenteig?

Weizenbrotteig	**Roggenbrotteig**
1 000 g Weizenmehl	1 000 g Roggenmehl
600 g Wasser	800 g Wasser

Bei der Teigbereitung nehmen die _____ und die _____, des Weizen- und Roggenmehls das Teigwasser auf. Roggenmehl kann _____ Wasser aufnehmen, weil die _____ des Roggenmehls zusätzlich viel Wasser bindet.

Warum halten Sauerteigbrote länger frisch als Brote, die mit Teigsäuerungsmittel hergestellt werden?

Sauerteig für den Roggenteig	**Roggenbrotteig**	**Roggenbrotteig mit Teigsäuerungsmittel**
500 g Roggenmehl	900 g Sauerteig	1 000 g Roggenmehl
400 g Wasser	500 g Roggenmehl	750 g Wasser
Stehzeit: 15 bis 24 Stunden	400 g Wasser	60 g Teigsäuerungsmittel

Während der langen Stehzeit des Sauerteigs _____ die Stärke, Eiweiße und Schalenteile des Roggenmehls und _____ dabei intensiv das _____.
→ Das stark gebundene Wasser bleibt im fertig gebackenen Brot _____ _____.

Bei mit Teigsäuerungsmitteln hergestellten Brotteigen fehlt die _____ des Sauerteigs.
→ Deshalb haben diese Brote eine schwache _____, d. h., die Brote _____ schneller.

Beschreiben Sie die Faustregel für die Frischhaltung der Brote:

- Je mehr _____ im Brotteig enthalten ist, desto länger ist die _____ der Brote.
- Brote, mit _____ hergestellt, halten _____ frisch als Brote mit Teigsäuerungsmittel.

2 Beantworten Sie die folgenden Fragen zur Frische und Frischhaltung von Broten:

In welchem Frischezustand sollten Brote im Fachgeschäft nur verkauft werden?

_____

Wie sollten Brote im Haushalt aufbewahrt werden?

_____

Name:	Klasse:	Datum:

LF 2.2

Brote mit speziellen Backverfahren

Ein Kunde möchte von Ihnen wissen, warum Holzofenbrote eine besonders kräftige Kruste und Pumpernickel keine Kruste haben. Sie erläutern dem Kunden die besonderen Backverfahren dieser Spezialbrote.

1 Erklären Sie die Bestimmungen der Leitsätze für Holzofenbrote mithilfe der Abbildungen.

Bauart eines Holzofens:

Direkte Beheizung eines Holzofens:

Vorbereitung der Backfläche zum Backen, nachdem das Holz abgebrannt ist:

Backen der Brotteiglinge:

Auswirkungen der besonderen Backweise auf die Holzofenbrote:

2 Unterstreichen Sie die wichtigsten Punkte zur Herstellung und zum Backen von Pumpernickel.

Pumpernickel wird mit Roggenvollkorn oder Roggenbackschrot hergestellt. Bei Vollkornpumpernickel müssen mindestens zwei Drittel der Säure aus Sauerteig sein, meistens wird es nur mit Sauerteig hergestellt. Die Teiglinge werden in einer Dampfbackkammer in Backkästen bei 100 °C mit Wasserdampf gebacken. Wegen der geringen Backtemperatur bilden die Brote keine Kruste. Die Backzeit beträgt mindestens 16 Stunden. Während dieser langen Backzeit bauen die Enzyme einen Teil der Stärke zu Zucker ab, sodass der leicht süßliche Geschmack entsteht. Durch den Wasserdampf beim Backen quellen die Schalenteile des Getreides stark auf, sodass gut bekömmliche Brote mit weicher Krume entstehen.

3 Erklären Sie die typischen Besonderheiten von Pumpernickel.

Brotsorten:

Beschaffenheit:

Typischer Geschmack:

Aufbewahrung:

4 Vervollständigen Sie den Lückentext zum Knäckebrot mithilfe der folgenden Silben.

CHE – FÄ – FLA – GE – GEN – GER – HIG – KNUSP – LA – NET – RIG – ROG – TROCK – WEI – ZEN

Knäckebrote bietet die Brotindustrie aus Mahlerzeugnissen von ______ und ______ an, von Weizenmischbrot bis Roggenvollkornbrot. Es sind ______ Brote, die ______ werden und somit besonders ______ sind. Luftdicht verpackt sind die trockenen Flachbrotscheiben besonders lange ______.

Roggenhaltige Kleingebäcke

Ein Kunde wünscht Brötchen, die sich gut zur Brotzeit eignen. Sie empfehlen ihm verschiedene roggenhaltige Gebäcke, die gut zu Käse und Aufschnittwurst passen.

1 Ergänzen Sie die Zutaten für Brötchen aus Weizenteig mit den hauptsächlichen Zutaten für roggenhaltige Kleingebäcke.

- Weizenmehl
- ______
- Wasser
- Hefe
- Salz
- Backmittel
- ______ oder ______
- gemahlener ______ oder Brotgewürz

2 Wie werden folgende Teige für roggenhaltige Kleingebäcke bezeichnet? 30 % Roggenmehl und 70 % Weizenmehl:

______

70 % Roggenmehl und 30 % Weizenmehl:

______

3 Geben Sie den vorgeschriebenen Mehlanteil für Roggenbrötchen nach den Leitsätzen an.

Roggenbrötchen müssen ______ ______ enthalten, bezogen auf die Gesamtmehlmenge.

4 Tragen Sie die Bezeichnungen für die abgebildeten roggenhaltigen Kleingebäcke ein.

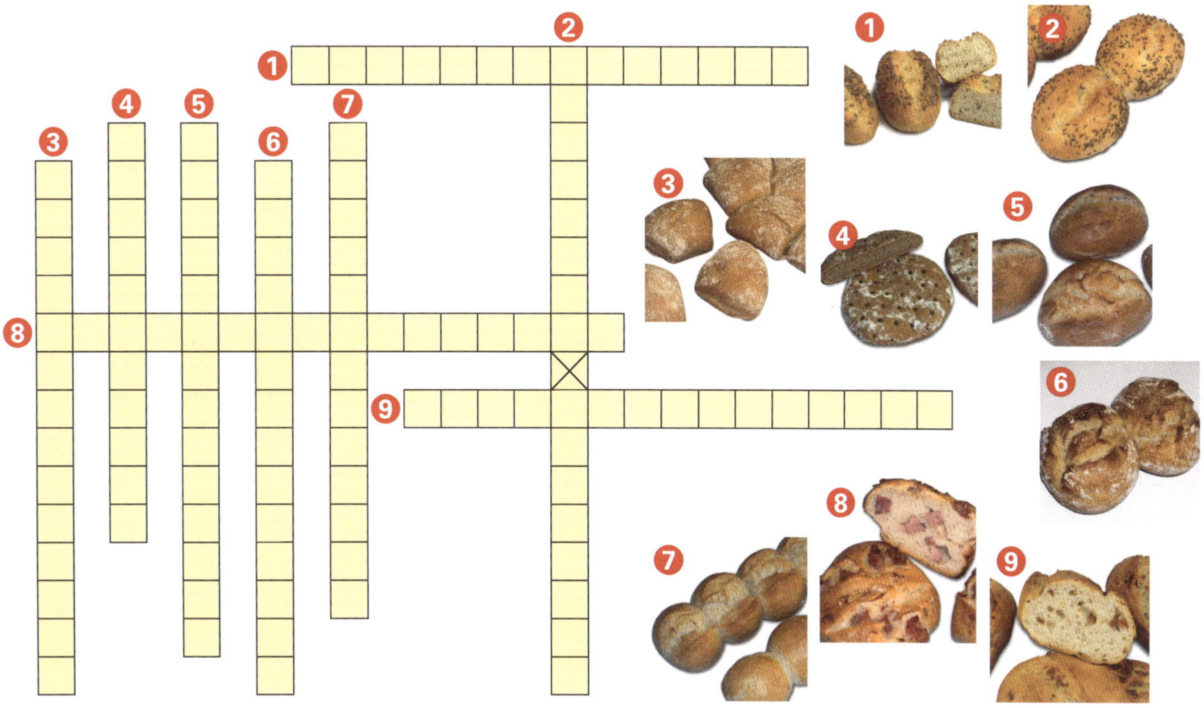

5 Geben Sie Auskunft über die Frischhaltung der roggenhaltigen Kleingebäcke und ob sie sich zum Tiefgefrieren eignen. Kreuzen Sie die richtigen Antworten an.

- [ ] Sie schmecken wie alle Brötchen frisch am besten.
- [ ] Sie halten nicht so lange frisch wie Weizenbrötchen.
- [ ] Da Roggenmehl mehr Wasser bindet, halten sie etwas länger frisch als Weizenbrötchen.
- [ ] Wegen der starken Wasserbindung des Roggenmehls kann man sie einige Tage ohne Qualitätsverlust tiefgefrieren.
- [ ] Sie eignen sich nicht zum Tiefgefrieren, weil sich nach dem Auftauen sofort die Kruste löst.
- [ ] Wenn sie direkt vor dem Verzehr kurz aufgebacken werden, schmecken sie fast wieder wie frisch.

Name:	Klasse:	Datum:

Vollkornbrote und Schrotbrote

Ein Kunde sieht in Ihrem Brotregal neben den Vollkornbroten auch Schrotbrote und ist sich beim Einkauf unschlüssig, weil er den Unterschied nicht kennt. Sie beraten ihn und erklären ihm auch die Vorzüge dieser Brote gegenüber den Brotsorten, die mit Mehl hergestellt werden.

LF 2.2

1 Tragen Sie die drei Hauptbestandteile der Getreidekörner und deren hauptsächlichen Inhaltsstoffe ein.

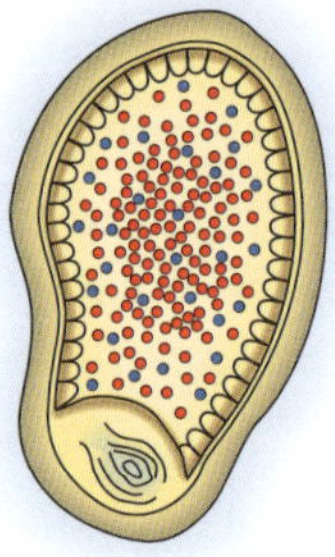

Hauptbestandteile	Hauptsächliche Inhaltsstoffe	
•	•	•
•	•	•
•	•	

2 Beim Vermahlen werden die Getreidekörner zerkleinert und es entstehen dabei verschiedene Mahlerzeugnisse. Unterscheiden Sie die für die verschiedenen Brotsorten verwendeten Mahlerzeugnisse.

- Vollkornbrote: **Vollkornschrot** enthält ________ der Getreidekörner, also ________ , ________ und ________ .
- Schrotbrote: **Backschrot** enthält das ________ und alle ________ der Getreidekörner. Es fehlen die ________ , da sie vor der Vermahlung entfernt werden.
- Andere Brote: **Mehl** enthält nur ________ der Getreidekörner ohne Keimling.

3 Informieren Sie die Kunden bei der Beratung über Vollkorn- und Schrotbrote. Erläutern Sie den gesundheitlichen Wert aufgrund des enthaltenen Vollkornschrots und Backschrots.

Erklären Sie, warum Vollkorn- und Schrotbrote das Wohlbefinden nach dem Essen fördern und Verstopfung vorbeugen.

Um Übergewicht zu vermeiden, sollten Vollkorn- oder Schrotbrote gegessen werden. Erläutern Sie dies.

Welchen Kunden empfehlen Sie Vollkorn- und Schrotbrote besonders?

Warum ist die Krume von Vollkorn- und Schrotbroten dunkler als die von Broten mit Mehlen?

Die Schalen des Vollkorn- und Backschrots quellen bei der Teigbereitung und binden so besonders viel Teigwasser. Welcher Vorteil entsteht dadurch gegenüber Broten mit schalenärmeren Mehlen?

Spezialbrote und Kleingebäcke mit verschiedenen Getreidearten

Heute haben Sie Mehrkornbrot im Angebot. Auf einem Werbeplakat im Schaufenster heben Sie die vielen enthaltenen Getreidearten und den besonderen Gesundheitswert dieser Brote hervor.

1 Dreikorn-, Sechskorn-, Mehrkornbrote werden mit mehreren Getreidearten hergestellt. Nennen Sie diese.

Brotgetreidearten: • ___ • ___ • ___

andere Getreidearten: • ___ • ___ • ___

• ___ • ___ • ___

2 Erklären Sie die Bestimmungen nach den Leitsätzen für Dreikorn-, Vierkorn-, Fünfkorn-, Sechskorn- und Mehrkornbrot sowie -brötchen. Diese Brote und Brötchen werden aus folgenden Getreidearten hergestellt:

- ___
- ___
- ___

Jede Getreideart muss mit ___ enthalten sein.

3 Beschreiben Sie die Bestimmungen nach den Leitsätzen bei Broten und Kleingebäcken, die nach einer anderen Getreideart benannt werden, z. B. Haferbrot, Maisbrötchen.

4 Tragen Sie ein, ob die Aussagen für die Herstellung und den Verkauf von unverpackten Dreikornbroten, Mehrkornbroten, Mehrkornbrötchen u. a. mit verschiedenen Getreidearten richtig oder falsch sind.

___ Häufig werden sie mit Vollkorn- oder Backschrot hergestellt, sodass sie wegen des hohen Ballaststoff- und Mineralstoffgehalts für die gesunde Ernährung geeignet sind.

___ Es müssen die enthaltenen Getreidearten und deren Menge in Prozent gekennzeichnet werden.

___ Die Angabe der enthaltenen Getreidearten ist nicht Pflicht, es wäre jedoch ein hilfreicher Hinweis für die Kunden.

___ Die Bestimmungen der Leitsätze für Brote und für Kleingebäcke mit verschiedenen Getreidearten sind gleich.

5 Vervollständigen Sie die Sätze der Verkaufargumente:

- Jede Getreideart ergibt bei Mehrkornbroten einen besonderen ___ .
- Mehrkornbrote enthalten häufig zusätzlich Ölsamen, die nicht zu den Getreidearten zählen, z. B.: ___ .
- Jeder der Ölsamen hat einen speziellen ___ . Die Ölsamen ergeben somit einen ___ Brotgeschmack. Mit ihrem hohen Anteil an ___ ___ und Ballaststoffen erhöhen sie den ___ der Brote.

Name:	Klasse:	Datum:

Spezielle Brote und Kleingebäcke mit besonderen Zutaten

Spezialbrote mit besonderen Zutaten erfreuen sich immer größerer Beliebtheit. Sie sollen Ihrer Chefin Vorschläge machen, mit welchen Broten das bisherige Angebot erweitert werden könnte. Dabei berücksichtigen Sie insbesondere die Verbraucherwünsche und Angebote der Mitbewerber.

LF 2.2

1 Die speziellen Zutaten geben den Spezialbroten und den Kleingebäcken den Namen. Tragen Sie die speziellen Zutaten und die vorgeschriebenen Mindestanteile ein.

Spezialbrote	Spezielle Kleingebäcke	Mindestmengen der speziellen Zutaten
		Mindestanteile in Prozent, bezogen auf das Mehl bzw. Getreideerzeugnis
• Leinsamenbrote • Sonnenblumenkernbrote • Sesambrote • Kürbiskernbrote • Walnussbrote • Haselnussbrote	• Leinsamenbrötchen • Kürbiskernbrötchen 	
Weizenkeimbrote	Weizenkeimbrötchen	
Rosinenbrote	Rosinenbrötchen	
Quarkbrote	Quarkbrötchen	
		Mindestanteile in Liter, bezogen auf 100 kg Mehl bzw. Getreideerzeugnisse
Milchbrote	Milchbrötchen	
• Buttermilchbrote • Joghurtbrote	• Buttermilchbrötchen • Joghurtbrötchen	
		Allgemeine Mindestanforderungen
	• Mohnbrötchen • Sesambrötchen • Sonnenblumenkernbrötchen	
• Kümmelbrote • Zwiebelbrote • Gewürzbrote • Kartoffelbrote	• Kümmelbrötchen • Zwiebelbrötchen 	

2 Vervollständigen Sie die Kundeninformationen über Brote und Kleingebäcke mit besonderen pflanzlichen und tierischen Zutaten, nach denen die Gebäcke meistens benannt werden.

- Brote und Kleingebäcke mit Ölsamen: Sie sind reich an ____________________ und ____________________ .
- Brote mit Milcherzeugnissen: Sie enthalten vor allem viel hochwertiges ____________________ .
- Brote mit Weizenkeimen: Weizenkeime enthalten besonders viele ____________________ .

Unterscheidung: Teige und Massen

Der neuen Auszubildenden fällt auf, dass die meisten Kunden von Gebäcken aus Biskuitteig oder Brandteig sprechen. Da sie in der Berufsschule gelernt hat, dass diese Gebäcke aus Massen hergestellt werden, fragt die Auszubildende Sie, ob sich Teige und Massen unterscheiden.

LF 2.2

1 Nennen Sie Teige und Massen für Feine Backwaren.

Teige	Massen	
• ______	• ______	• ______
• ______	• ______	• ______
• ______	• ______	• ______
• ______	• ______	• ______
• ______		• ______

2 Beschreiben Sie die hauptsächlichen Unterscheidungsmerkmale der Teige und Massen.

Teige	Massen
Hauptrohstoffe, die mengenmäßig am meisten enthalten sind	
Hauptrohstoff: ______ Weitere Rohstoffe, damit ein Teig entsteht: • Hefeteige: ______ • Blätterteige: ______ • Mürbeteige: ______ • Lebkuchenteige: ______ 	Hauptrohstoffe: • ______ oder ______ • ______ 
Überwiegende Verarbeitung der Zutaten bei der Herstellung	
______ 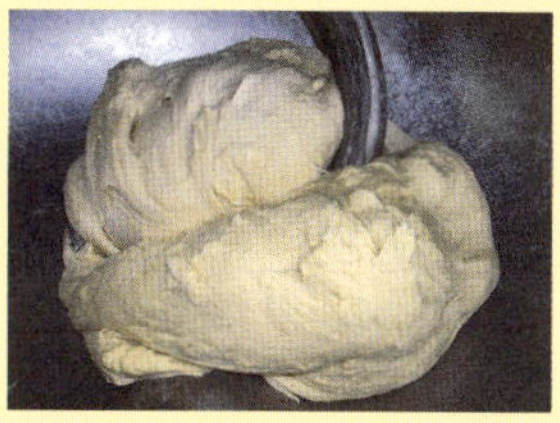	• ______ oder • ______ 
Beschaffenheit (Konsistenz) und Verarbeitungsmöglichkeiten	
______ ______ ______ ______ ______ ______ 	• ______ ______ ______ • ______ ______ ______ 
Lockerungsmittel	
Hefeteig: ______ Blätterteig: ______ Lebkuchenteig: ______ ______	Massen mit aufgeschlagenen Eiern und Eiklar: ______ fettreiche Sandmassen für Kuchen: ______ Brandmasse: ______

Name:	Klasse:	Datum:

Erzeugnisse aus Baisermasse

Ein Kunde schwärmt von den süß schmeckenden Erzeugnissen, die er im Urlaub im südlichen Italien gegessen hat und die dort als Windmasse bezeichnet werden. Sie bieten ihm deshalb verschiedene Baisererzeugnisse an und beraten ihn.

LF 2.2

1 Tragen Sie die Grundzutaten und das Grundrezept für Baisermasse ein.

g

bis g

2 Beschreiben Sie die Herstellung der Baisermasse.

- 1000 g Eiklar und 1000 g Zucker →
- 500 g bis 1000 g Puderzucker →

3 Erläutern Sie, was beim Aufschlagen von Eiklar mit Zucker geschieht, indem Sie die Lücken ausfüllen.

Durch die schnellen Bewegungen des Rührbesens beim Aufschlagen wird in das Eiklar geschlagen, die vom des Eiklars zu fest-gehalten wird. Dadurch entsteht ein und Eischnee. Baisermasse wird auch manchmal als bezeichnet.

4 Erklären Sie beim Verkaufsgespräch Baisererzeugnisse in Bezug auf Beschaffenheit und Geschmack.

5 Benennen und erklären Sie die abgebildeten Erzeugnisse aus Baisermasse bei der Kundenberatung.

Baisererzeugnis:

Baisererzeugnis:

6 Nennen Sie mithilfe der Abbildungen getrocknete Baisererzeugnisse.
Erklären Sie das Trocknen der Baisererzeugnisse.

Spirale: als Dekor:

für Torten:

Die aufgespritzte (aufdressierte) Baisermasse wird im Ofen bei °C fünf bis sechs Stunden lang getrocknet, bis sie im Inneren und spröde ist. Durch die niedrige Temperatur bleiben die Baisererzeugnisse .

Erzeugnisse aus Biskuitmasse und Wiener Masse

In den Sommermonaten bietet Ihre Bäckerei/Konditorei im Laden Wiener Böden zum Herstellen von Obsttorten an. Eine Kundin wünscht aber einen Biskuitboden. Sie erläutern ihr, warum Ihre Bäckerei/Konditorei Wiener Böden empfiehlt.

1 Tragen Sie die Zutaten der Biskuitmasse und der Wiener Masse entsprechend ihrer Gewichtsanteile ein.

Zutaten für Biskuitmasse	Gewichtsanteile	Rezept	Zutaten für Wiener Masse
• ______	4 Teile	400 g	• ______
• ______	2 Teile	200 g	• ______
• ______	1 Teil	100 g	• ______
• ______	1 Teil	100 g	• ______
	1 Teil	100 g	• ______

2 Unterscheiden Sie die Tortenböden aus Biskuitmasse und Wiener Masse.

Biskuitmasse	Wiener Masse
Rezeptur: ______ ______	Rezeptur: ______ ______
Beschaffenheit der Tortenböden: ______	Beschaffenheit der Tortenböden: ______

Erklärung beider Tortenböden: ______

3 Nennen Sie drei verschiedene Wiener Böden und geben Sie die geschmacksgebenden Zutaten der speziellen Tortenböden an.

- ______
- ______ mit ______
- ______ mit ______

4 Beschreiben Sie einzeln gebackene Wiener Böden, die z. B. für Prinzregententorten und Herrentorten verwendet werden. Ergänzen Sie die Lücken.

Die Wiener Masse wird zu ______ Böden auf Backbleche ______ und gebacken. Die dünnen Böden sind nicht so ______, aber durch die hellbraun gebackene Oberfläche jedes Tortenbodens besonders ______.

5 Erläutern Sie Kapseln aus Wiener Masse und geben Sie die Verwendungsmöglichkeiten an, indem Sie die Lücken ausfüllen.

Für Kapseln wird die Wiener Masse ca. 1 cm dick auf ______ und gebacken. Kapseln werden gefüllt und zu ______ oder ______ (Schnitten) verarbeitet.

Name:	Klasse:	Datum:

Gebäcke aus Sandmasse

Eine Kundin bekommt häufig Besuch und möchte daher lagerfähige Kuchen als Gebäckreserve. Sie bieten ihr verschiedene Gebäcke aus Sandmasse an. Da die Kundin sehr kritisch ist, möchte sie genau beraten werden.

LF 2.2

1 Die Sandmasse für Kuchen wird mit denselben Zutaten hergestellt wie die Wiener Masse, jedoch mit geänderten Gewichtsanteilen. Tragen Sie die Rezeptur und die Zutaten eines üblichen Rezepts ein.

Anteile der Hauptzutaten	Rezeptbeispiel	Zutaten für eine Sandmasse
5 Teile	______ g	
5 Teile	______ g	
5 Teile	______ g	
5 Teile	______ g	
Lockerungsmittel	15 g	
geschmackgebende Stoffe	2 g	
	Aromen	

2 Nennen Sie Gebäcke aus Sandmasse, die hergestellt werden

in Kuchenformen:

auf Blechen:

in Formen mit Papiermanschetten:

3 Ordnen Sie, wie im Beispiel, die folgenden Aussagen zu Kuchen aus Sandmasse bei der Kundenberatung einander mit Pfeilen zu:

wichtigste Zutaten, die den feinen Geschmack ergeben	Kuchen aus Sandmasse sind kalorienreiche Gebäcke
Energiewert der Kuchen aufgrund der Rezeptur	durch Mischen von Weizenstärke und Weizenmehl
hauptsächliches Lockerungsmittel der Kuchen	lockere, weiche und zarte sowie geschmackvolle Gebäcke
dadurch werden die Kuchen besonders locker und weich	Kuchen aus Sandmasse sind lockere, weiche Gebäcke mit einem hohen Anteil an Eiern und Butter
Qualitätsmerkmale	Backpulver

4 Geben Sie Auskunft über die Frischhaltung der Kuchen aus Sandmasse und begründen Sie die Aussage.

Wie kann die Frischhaltung bei der Lagerung etwas verlängert werden?

Baumkuchen

Sie erklären beim Verkaufsgespräch, dass der besonders geschmackvolle Baumkuchen der „König der Kuchen“ ist und er sich deshalb im Wappen der Konditorei befindet. Eine Kundin möchte im Gespräch von Ihnen wissen, in welcher Form der Baumkuchen gebacken wird und wie die einzelnen Schichten im Kuchen entstehen.

Vervollständigen Sie die folgende Mindmap zum Baumkuchen.

Herstellung

Eine ______ wird in die Baumkuchen-masse getaucht. So entsteht ______.

Backen der dünnen Masseschichten: ______

Entstehung der äußeren Wellen am Baumkuchen: Jede der äußeren Masseschichten wird mit den ______ abgeschabt.

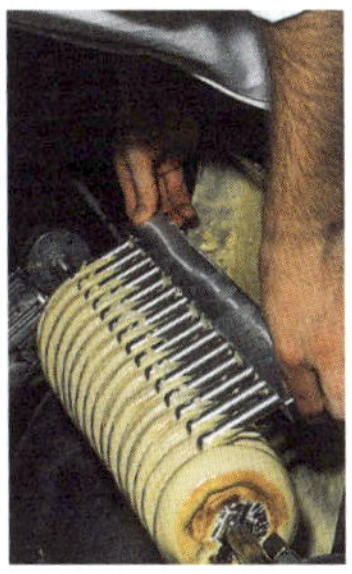

Verkaufs-argumente

besondere Eignung der Baumkuchenerzeugnisse:
- ______
- ______

Damit die Schnittstelle des Baumkuchens nicht austrocknet: ______

Qualitätsmerkmale, die für die Kunden bedeutend sind: ______

hoher Anteil an ______

Aufbewahrungsort: ______

Merkmale

- Überzug: ______
- Glasur: ______

Symbol für die ______

Art der Masse: ______

Besonderheiten der Zutaten:
- verwendetes Fett: ______
- Eieranteil in der Masse: ______

Baumkuchen-erzeugnisse

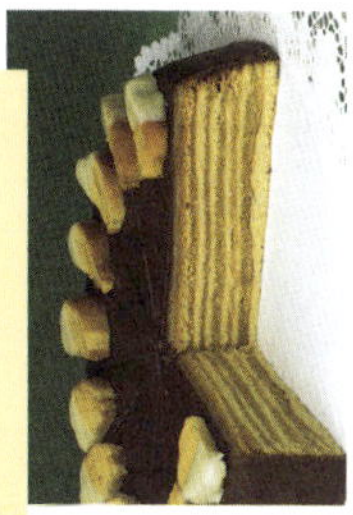

Name: Klasse: Datum:

Gebäcke aus Brandmasse

Ihr Betrieb plant eine Aktion „Lockere Gebäcke aus Brandmasse". Sie erhalten den Auftrag, dafür verschiedene Brandmassegebäcke auf einem Flyer zu beschreiben und deren Qualitätsmerkmale herauszustellen.

1 Benennen Sie die Brandmassegebäcke auf folgenden Abbildungen und beschreiben Sie, womit sie gefüllt und die Deckel bzw. Oberflächen bestaubt, belegt oder überzogen sind.

Gebäck:			
gefüllt mit:			
Oberfläche:			

Gebäck:			
gefüllt mit:			
Oberfläche:			

2 Tragen Sie die Grundzutaten der Brandmasse ein.

4 Teile halb ______

halb ______

(Milchzucker bräunt das Gebäck)

3 Teile ______

2 Teile ______

1 Teil ______

3 Geben Sie Auskunft über die Frischhaltung der Gebäcke aus Brandmasse.

Wegen der Füllungen: ______

Begründung: ______

Tiefgefrieren: ______

4 Erklären Sie, womit die starke Lockerung in den Gebäcken erfolgt, indem Sie den Text ergänzen.

Der hohe Wasseranteil der Brandmasse _ _ _ _ _ _ _ _ _ beim Backen.

Der _ _ _ _ _ _ _ _ _ _ _ dehnt sich aus, sodass die Gebäcke ein großes _ _ _ _ _ _ _ bekommen und im Inneren große _ _ _ _ _ _ _ _ _ entstehen.

Gebäcke aus Röstmasse

Ein Kunde möchte auf die Urlaubsreise Backwaren mitnehmen, die lange haltbar sind.
Sie bieten ihm verschiedene Gebäcke aus Röstmasse an.

1 Benennen Sie die abgebildeten Gebäcke aus Röstmasse und die Teigart der Gebäckunterlage.

Unterlage:

Unterlage:

2 Tragen Sie die Zutaten der Röstmasse ein.

süßende Zutaten:

Milcherzeugnisse:

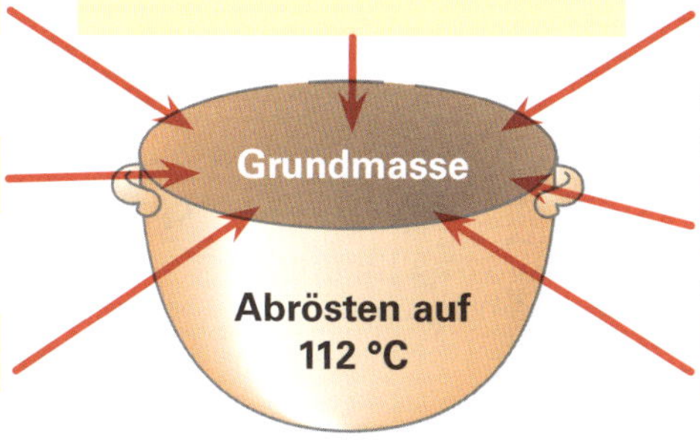

Schalenfrüchte in die kochende Grundmasse einrühren:

oder

3 Geben Sie Auskunft über die Qualitätsmerkmale der Gebäcke aus Röstmasse, die sich in Bezug auf die Zutaten der Rezeptur ergeben. Füllen Sie die Lücken folgender Sätze mithilfe der Wörter aus.

Dauerbackwaren – Eier – fest – Fettglasur – flache – goldbraune – knusprig – Karamellgeschmack – karamellisiert – knuspriger – Lockerungsmittel – Mandeln – Nüssen – Schokoladenkuvertüre

Die Röstmasse enthält keine und kein .

Deshalb sind die Röstmassegebäcke Gebäcke wie die Florentiner.

Der hohe Zuckeranteil der Röstmasse beim Backen, wobei die Farbe der Gebäcke entsteht. Dieser Zucker kühlt nach dem Backen in den Gebäcken ab und wird , sodass die flachen Gebäcke werden.

Dies ergibt die **Erklärung bei der Kundenberatung:**

- Die Gebäcke aus Röstmasse bestehen aus oder mit süßem und Beschaffenheit.
- Florentiner und Nussknacker dürfen auf der Rückseite nur mit überzogen werden; ist nicht erlaubt.
- Florentiner und Nussknacker sind lange lagerfähig und deshalb .

Name:	Klasse:	Datum:

Gebäcke aus Makronenmasse

In der Weihnachtszeit erweitert Ihr Betrieb das ganzjährige Angebot an Makronengebäcken mit einigen Teegebäcken aus Makronenmasse. Sie sollen hierfür eine Mischung aus Makronengebäcken in Gebäcktütchen verpacken und diese auf einem Werbeplakat im Schaufenster anbieten.

1 Geben Sie die drei Grundzutaten der Makronenmasse an.

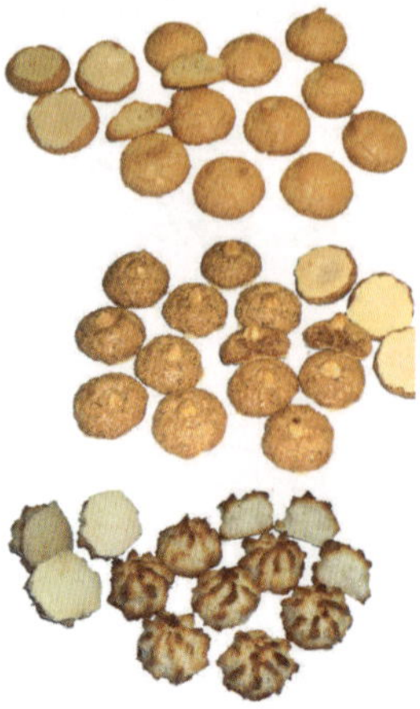

- Schalenfrüchte (Ölsamen) für

  Mandelmakronen: ______ oder ______

  Nussmakronen: ______ oder ______

  Kokosmakronen: ______

- ______
- ______

2 Warum dürfen mit Marzipanrohmasse hergestellte Makronen als Mandelmakronen bezeichnet werden?

Marzipanrohmasse besteht aus ______

3 Benennen Sie die abgebildeten Makronengebäcke, die stückweise verkauft werden.

______

______

______

______

4 Benennen Sie die abgebildeten Makronengebäcke und beschreiben Sie deren Besonderheiten.

Gebäckname: ______

Beschreibung: ______

Gebäckname: ______

Beschreibung: ______

Gebäckname: ______

Beschreibung: ______

5 Erklären Sie die Qualitätsmerkmale der Makronengebäcke bei der Kundenberatung.

Geschmack: ______

Beschaffenheit: ______

Wie lange haben die Makronengebäcke den besten Genusswert und werden als frisch bezeichnet?

______

Gebäcke aus Lebkuchenmasse

Ein Kunde stellt fest, dass Elisenlebkuchen zwar teuer sind, aber auch besonders gut schmecken. Sie geben die Erklärung dafür, indem Sie die hauptsächlichen Zutaten der Lebkuchenmasse aufzählen, die den feinen Geschmack dieser Lebkuchen ergeben, aber auch für den hohen Preis verantwortlich sind.

LF 2.2

1 Benennen Sie die hochwertigsten Oblatenlebkuchen, die im Fachgeschäft der Bäckerei/Konditorei hergestellt werden.

enthalten mindestens ____ %
Mandeln und/oder Nüsse

enthalten mindestens ____ %
Mandeln und/oder Nüsse

2 Nennen Sie die wichtigsten Zutaten der Lebkuchenmassen.

- ____ und/oder ____
- ____
- ____
- ____
- ____

3 Erklären Sie die Oblaten, auf die die Lebkuchenmasse gestrichen wird. Füllen Sie die Lücken aus.

- Oblaten werden aus ____ und ____ hergestellt und getrocknet.
- Sie sind ____ und bleiben auch unter der feuchten Masse ____ .
- Die Oblaten verzögern das ____ der Oblatenlebkuchen an der Unterseite.

4 Finden Sie in dem Wortsuchrätsel waagerecht insgesamt zehn Gewürze, die im Lebkuchengewürz, einer Gewürzmischung, enthalten sind, und kreisen Sie diese ein.

A	F	V	T	M	U	S	K	A	T	N	U	S	S	K	O	E	U	Z	I	M	T	T	W	T	O	A	N	I	S	B	T	W
N	E	L	K	E	N	R	B	M	P	I	M	E	N	T	C	R	L	M	A	C	I	S	A	K	F	E	N	C	H	E	L	R
X	C	I	N	G	W	E	R	S	T	K	A	R	D	A	M	O	M	U	A	B	K	O	R	I	A	N	D	E	R	E	L	H

5 Beschreiben Sie anhand der Abbildungen, wie Oblatenlebkuchen für den Verkauf fertiggestellt werden.

6 Erklären Sie „Fadenzuckerglasur".

7 Erklären Sie bei der Kundenberatung die Qualitätsmerkmale der Oblatenlebkuchen.

Beschaffenheit:

Geschmack:

Name:	Klasse:	Datum:

Gebäcke aus Hippenmasse

Sie servieren im Café einen Eisbecher. Der Gast möchte von Ihnen wissen, woraus die Eiswaffeln darauf hergestellt werden. Sie geben dem Gast Auskunft.

1 Tragen Sie die Zutaten in das Rezept für eine Hippenmasse ein.

3 Teile ______ 1 Teil ______

2 Teile ______ 1 Teil ______

1 Teil ______

2 Benennen Sie die abgebildeten Hippengebäcke.

3 Beschreiben Sie die Verkaufsargumente der Hippengebäcke.

Der Hauptrohstoff der Hippen gebäcke ist

Marzipanrohmasse besteht zu $^2/_3$ aus

Die dünnen Hippenrollen werden hauptsächlich verwendet für

Die mit Nugatmasse gefüllten Duchesse sind feine

Die Beschaffenheit der dünnen Hippengebäcke im Biss ist

Damit die Hippengebäcke keine Luftfeuchtigkeit anziehen, werden sie bei der Lagerung verpackt in

Wegen der langen Lagerfähigkeit zählen Hippengebäcke zu den

4 Die Herstellungskosten für Eisgebäcke aus Hippenmasse betragen für eine Konditorei 81,25 €. Im Großhandel können diese Hippengebäcke zum Nettopreis von 39,25 € zuzüglich Mehrwertsteuer bezogen werden. Berechnen Sie, wie viel € und wie viel % die Eisgebäcke von der Industrie günstiger sind.

Hippengebäcke vom Großhandel inkl. MwSt. =

Differenz in €: = Differenz in % =

Frühstück

Im ruhigen und gemütlichen Café bevorzugen viele Gäste ein gepflegtes Frühstück, das sie nach ihren Wünschen zusammenstellen können. Sie sollen für die Erstellung der Speisekarte die Bestandteile verschiedener Frühstücksangebote festlegen.

1 Stellen Sie ein einfaches Frühstück für die Speisekarte im Café zusammen und geben Sie bei den jeweiligen Bestandteilen einige Wahlmöglichkeiten für die Gäste an.

Getränke:

Backwaren, nur frisch:

Grundaufstrich:

süße Aufstriche:

pikante Zugaben:

Backwaren für Gesundheitsbewusste:

2 Nennen Sie zusätzliche Zugaben für ein erweitertes Frühstück.

gut bekömmlich: pikant:

Feine Backwaren: ,

Erfrischendes: , ,

Getränke: , ,

Müsli mit
- Milcherzeugnissen:
- Getreideerzeugnissen:
- Früchten:

3 Bei werbewirksamen Frühstücksbegriffen bezieht sich die Zusammensetzung des Frühstücks auf bestimmte Zielgruppen. Stellen Sie für eine Speisekarte ein „Fitnessfrühstück" zusammen. Die Auswahl an Getränken bleibt meistens bei allen Frühstücksangeboten gleich.

Backwaren:

Zugaben:

Stellen Sie mögliche Zugaben für folgende Frühstücksangebote zusammen:
kleines Frühstück, großes Frühstück, Wohlfühlfrühstück bzw. Wellnessfrühstück, Sportlerfrühstück bzw. Powerfrühstück, Schlemmerfrühstück bzw. Luxusfrühstück, Kinderfrühstück

Name:	Klasse:	Datum:

Salate

Unter dem Motto „Erfrischende Sommersalate" soll im Café Ihrer Bäckerei/Konditorei eine Aktion stattfinden. Sie planen hierfür passende Salatteller und richten diese her.

LF 2.3

1 Geben Sie Beispiele bekannter Salate an, die im Café serviert werden.

Namensbeispiele für gemischte Salatteller	Salatteller mit speziellen geschmacksgebenden Zutaten: Salate mit	Namen für Salate aus einem Gemüse, meist als Beilage zu Speisen
• ______	• ______	• ______
• ______	• ______	• ______
• ______	• ______	• ______
• ______	• ______	• ______

2 Mit folgenden Zutaten wird Vinaigrette (Salatsoße) bzw. Dressing hergestellt. Tragen Sie die Zutaten ein und benennen Sie die Würzstoffe, mit denen die Salatsoße sowie das Dressing abgeschmeckt werden.

200 g Joghurt, 200 g Salatöl, 40 g Orangensaft, 20 g Zitronensaft, 100 g Essig, 40 g Salatöl

Vinaigrette (sprich: Vinägret)	Dressing
• ______ (2 Teile)	• ______ (Hauptzutat)
• ______ (1 Teil)	• ______
	• ______
	• ______

abschmecken mit: ______

3 Sie sollen einen griechischen Bauernsalat herstellen.
Nennen Sie die Zutaten, ohne Rezeptur, die Sie dafür verwenden.

Überlegen Sie, welche Zutaten für bekannte Salatteller im Bäckerei-/Konditorei-Café verwendet werden, z. B. gemischter Salat, Rohkostsalat, Blattsalatteller, Nudelsalat.

4 Beschreiben Sie die Grundsätze bei der Zubereitung von Salattellern.

Zustand der verwendeten Salate

Auswahl der Salatzutaten, damit ein lebendiger Salatteller entsteht:

Zeitpunkt des Marinierens:

Zugabe zu den Salattellern beim Servieren, z. B. in einem Körbchen:

5 Salatkräuter sind kleingeschnittene Blätter, intensiv schmeckender Pflanzen.
Nennen Sie einige Salatkräuter.

Käsesorten

Da Sie in Ihrer Bäckerei/Konditorei viele Erzeugnisse mit Käse anbieten, sollen Sie der neuen Auszubildenden die Käsesorten in den verschiedenen Waren erklären, damit sie die Kunden beraten kann. Dabei erläutern Sie ihr auch die Angabe des Fettgehalts von Käse.

1 Beschreiben Sie mithilfe des folgenden Textes Wissenswertes über Käse.
Bei der Käseherstellung werden der Milch Labenzyme oder Milchsäurebakterien zugegeben. Dadurch gerinnt das Eiweiß Kasein, das dabei aufquillt und Wasser bindet. Die gequollenen Eiweißteilchen verkleben miteinander, sodass die Milch dick wird. Das geronnene Eiweiß lässt man mit Milchfett, Milchzucker, Mineralstoffen und Vitaminen zum Käse reifen. Gereifter Käse enthält kaum Milchzucker, weil dieser bei der Käsereifung zu Milchsäure abgebaut wird. Das nicht gebundene Wasser der Milch bleibt als Molke übrig.

Woraus wird Käse hergestellt?

Welchen Einfluss haben Labenzyme oder Milchsäurebakterien bei der Käseherstellung?

Aus welchen für die gesunde Ernährung wichtigen Nährstoffen besteht die Trockenmasse des Käses?

2 Erklären Sie die Angabe „45 % Fett i.Tr." beim Käse.

Berechnen Sie den tatsächlichen Fettgehalt von 100 g Schnittkäse, z. B. Gouda mit 45 % Fett i. Tr., der 58 % Wasser enthält. Der Käse enthält ______ Fett.

3 Nennen Sie die Käsesorten, die für folgende Erzeugnisse der Bäckerei/Konditorei verwendet werden:

Tiramisudesserts

Belegte Snacks mit Tomaten und

-
-

griechische Salate und griechische überbackene Snacks

Füllung für Plunder- und Blätterteigstückchen

Käsetorten, Käsesahnetorten

Laugen-Käsestangen, Käsestangen aus Blätterteig, Snacks, Pizzas, Salate

-
-
-
-

über Nudelgerichte

4 Kreuzen Sie die richtigen Aussagen an.

- ☐ Käse sollte bei kühler Raumtemperatur gelagert werden.
- ☐ Käse muss kühl im Kühlschrank bzw. Kühlraum dunkel gelagert werden.
- ☐ Käse muss offen und unverpackt in der Kühlung gelagert werden, damit er atmen kann.
- ☐ Käse trocknet schnell aus, weshalb er bei der Lagerung in Folie verpackt werden muss.
- ☐ Erzeugnisse mit überbackenem Käse schmecken warm am besten und sollen deshalb den Kunden zum Verzehr heiß überreicht werden.
- ☐ Feste Käsesorten mit geringem Wassergehalt enthalten gewöhnlich mehr Fett als weiche Käsesorten.
- ☐ Käse entwickelt sein volles Aroma erst bei Raumtemperatur und sollte deshalb nicht direkt aus dem Kühlschrank in den Verzehr kommen.

Name:	Klasse:	Datum:

Belegte Snacks

In der Filiale in der menschenreichen Innenstadt sind Snacks besonders gefragt. Deshalb sollen Sie die Snacktheke mit belegten Snacks erweitern und die Theke attraktiv gestalten.

LF 2.3

1 Erklären Sie, wie der Begriff „Snack" in der Bäckerei/Konditorei verstanden wird.

Erläutern Sie „belegte Snacks".

Wie unterscheiden sich Sandwiches von belegten Snacks?

2 Nennen Sie Zutatenbeispiele für belegte Snacks.

Geeignete Backwaren:	Aufstrich auf beiden Schnittflächen: Geeigneter Salat, der nicht so schnell welk wird:
Hauptbeläge, die den Snacks häufig den Namen geben:	Gemüse als geschmackliche und optische Verbesserung:

3 Beschreiben Sie die Herstellung von Snacks.
Auseinanderschneiden der Backwaren:

Bestreichen der Backwaren:

Belegen der Zutaten:

4 Erklären Sie, wie belegte Snacks von bester Qualität verkauft werden.

Backwaren:

Frische der Snacks:

Überbackene Snacks

Sie sind in Ihrer Bäckerei/Konditorei für die Snacktheke zuständig, d. h., Sie stellen die Snacks her, verkaufen diese und servieren sie. Außerdem entwickeln Sie neue überbackene Snacks, um das Angebot abwechslungsreich zu gestalten.

1 Erklären Sie den Begriff „überbackene Snacks".

2 Nennen Sie Weizengebäcke, die sich für überbackene Snacks eignen.

-
-
-
-

3 Beschreiben Sie die Herstellung überbackener Snacks mithilfe der Abbildungen.

Beispiele für den Aufstrich:

-
-
-
-

Beispiele für den Belag:

Wurst-, Fleischwaren:

-
-
-

Gemüse:

-
-
-
-

In welchem Zustand werden überbackene Snacks serviert, da sie so am besten schmecken?

4 Die Fachverkäuferin legt die Snacks zum sofortigen Verzehr für die Kunden auf einen Pappteller und gibt für jeden Snack zwei Servietten dazu. Der Vorrat der Servietten reicht 30 Tage, wenn täglich 150 Servietten benötigt werden. Wie lange reicht der Serviettenvorrat, wenn täglich 90 Snacks verkauft werden?

Der Serviettenvorrat reicht ______________.

Name:	Klasse:	Datum:

Gebackene Snacks

Sie bekommen in Ihrer Filiale gebackene Snacks backfertig als tiefgefrorene Teiglinge von der Produktion. Nach Bedarf sollen Sie diese im Ladenbackofen backen und den Kunden überreichen.

1 Erklären Sie den Begriff „gebackene Snacks".

LF 2.3

2 Benennen und erklären Sie folgende gebackene Snacks:

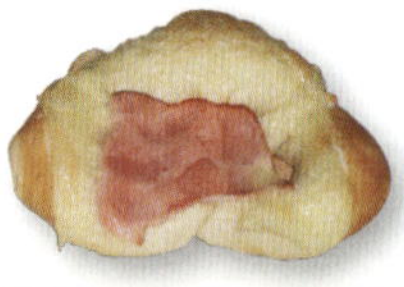

Snackbezeichnung		
Gebäck		
Belag		

Snackbezeichnung		
Teig		
Belag		

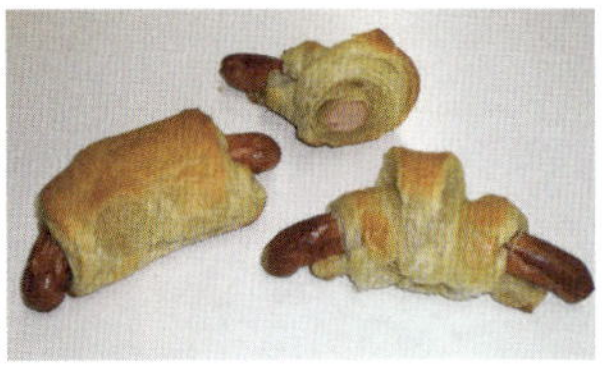

Snackbezeichnung		
Teig	oder	
Füllung		oder

3 Ein Kunde möchte die gebackenen Snacks sofort im Laden oder im Café verzehren. Wie überreichen Sie die Snacks, dass sie am besten schmecken.

-
-

Kanapees (Canapés)

Für einen Stehempfang, anlässlich eines Firmenjubiläums, sollen Sie mit Ihrer Kollegin Kanapees herstellen, diese anschließend zum Festsaal liefern und dort dekorativ anrichten.

1 Erläutern Sie den Begriff Kanapees.

LF 2.3

2 Für welche Anlässe werden Kanapees von Kunden meistens bestellt?

-
-

3 Wie werden Kanapees gegessen?

4 Nennen Sie das überwiegend verwendete Brot für Kanapees.

Weitere Brotsorten für Kanapees sind:

5 Finden Sie im folgenden Wortsalat die hauptsächlichen Lebensmittel, mit denen Kanapees belegt werden. Tragen Sie diese entsprechend ein.

KÄSETOMATENLACHSPETERSILIEOBSTFLEISCHWURSTEIERBUTTER
ESSIGGURKENKAVIARSCHINKENPAPRIKARADIESCHENSALAMIOLIVEN

Die Brotscheiben werden bestrichen mit

Hauptbeläge:

Zutaten zum Garnieren:

6 Wie sollten Kanapees belegt werden, damit sie ein ansprechendes Aussehen ergeben?

Was ist zu beachten, damit die Gäste Kanapees mit bester Qualität erhalten?

-
-

Name:	Klasse:	Datum:

Lagerung der Lebensmittel und Erzeugnisse

Sie stellen leicht verderbliche Torten und Desserts in die Kühlung. Ihre neue Kollegin möchte wissen, warum Dauerbackwaren in der ungekühlten Gebäcktheke eine Woche lagerfähig sind.

LF 2.3

1 Leicht verderbliche Lebensmittel müssen in der Kühlung gelagert werden.
Welche Möglichkeiten der Kühlung kennen Sie?

- ___
- ___
- ___

Temperatur in der Kühlung: ___ °C.

Nennen Sie leicht verderbliche Lebensmittel in der

Bäckerei/Konditorei: ___

im Café: ___

Welche Bäckerei-/Konditoreierzeugnisse müssen in die Kühlung gestellt werden?

___

___

2 Erklären Sie das Altwerden der Backwaren. Ergänzen Sie die Lücken mit folgenden Wörtern:

verdunstet – trockene Kruste – geschmackvoll – geschmacksärmer – Aromastoffen – Kruste – Rösche – Wasser – weich – weich – trockener

- Die Krume frischer Gebäcke ist wegen des Wassers im Teig ___ und sie ist wegen der vielen Geschmacks- und Geruchsstoffe (Aromastoffe) ___.
- Nach dem Backen ___ langsam das ___ der Gebäcke, das mit den ___ in Luft übergeht. Die Gebäckkrume wird deshalb zunehmend ___ und ___.
- Bei Backwaren mit röscher Kruste, wie z. B. Brötchen, Brezeln und Brote, nimmt die ___ das verdunstende Wasser der Krume auf. Beim Altern der Gebäcke verliert deshalb die Kruste ihre ___ und wird ___ und zäh.

3 Je mehr Fett in Teigen und Massen ist, desto weniger Wasser enthalten sie. Erläutern Sie wegen dieser Tatsache die Gebäckalterung folgender Teige:

Brötchenteig:
1 000 g Weizenmehl
560 g Wasser

leichter Hefeteig:
1 000 g Weizenmehl
400 g Milch
150 g Butter/Margarine

→ Gebäckalterung: ___

Begründung: ___

___

schwerer Hefeteig:
1 000 g Weizenmehl
200 g Milch
500 g Butter/Margarine

Mürbeteig:
1 000 g Weizenmehl
660 g Butter/Margarine
330 g Zucker

→ Gebäckalterung: ___

Begründung: ___

___

- ___
- ___

Kalkulation

Die meisten Kunden achten beim Einkauf auf ein gutes Preis-Leistungs-Verhältnis. Deshalb sollen Sie die Preise in Ihrer Bäckerei/Konditorei genau kalkulieren.

1 Sie sollen 6 Bleche Pizzaschnitten herstellen. Für den Belag werden die nebenstehenden Zutaten benötigt.

Tragen Sie den jeweiligen Materialpreis neben den Zutaten ein. Berücksichtigen Sie bei den Tomaten, Zwiebeln und Paprika die tatsächliche Einkaufsmenge, die Sie zuvor unten berechnen.

Beim Einkauf der Gemüsearten muss der Putz- und Schälverlust berechnet werden. Vervollständigen Sie die Tabelle.

Zutaten für den Belag für 6 Bleche (ohne Verlustberücksichtigung):	Materialpreis für Einkaufsmenge:
4,500 kg Tomaten zu 1,90 €/kg	
1 ½ kg Zwiebeln zu 1,50 €/kg	
2 ¼ kg Paprika zu 2,45 €/kg	
500 g Oliven zu 1,80 €/kg	
2,400 kg Schinken zu 14,50 €/kg	
2 500 g Käse zu 6,90 €/kg	
Gewürze 1,85 € gesamt	

Berechnung der Einkaufsmenge:

Gemüse	Rezeptmenge in g	Verlust in %	Verlust in g	Einkaufsmenge in kg
Tomaten		9%		
Zwiebeln			100g	
Paprika				2,570 kg

Die Materialkosten für den Pizzateig betragen für die 6 Bleche 5,30 €.

Der Materialpreis für die 6 Bleche Pizzaschnitten beträgt insgesamt ______ .

2 Auf 1 Pizzablech befinden sich 24 Pizzaschnitten. Berechnen Sie den Verkaufspreis im Laden für 1 Pizzaschnitte. Füllen Sie die Angaben im Kalkulationsschema aus.

				Ergebnisse
Materialkosten				€
+ Betriebskosten	240 %			
= Selbstkosten				€
+ Risiko und Gewinn		24 %		
= Nettoverkaufspreis				€
+ Mehrwertsteuer				
= Bruttoverkaufspreis				€

Pizzaschnitten auf 6 Blechen: ______ Stück. Eine Pizzaschnitte kostet im Laden ______ .

3 Ermitteln Sie, wie viel eine Pizzaschnitte im Café kostet, wenn der Caféaufschlag 23 % beträgt. Tragen Sie die Angaben in das Kalkulationsschema ein.

Nettoverkaufspreis			€
+ Caféaufschlag			
= Nettopreis (Café)			€
+ Mehrwertsteuer			
= Bruttoverkaufspreis			€

Eine Pizzaschnitte kostet im Café ______ .

Name:	Klasse:	Datum:

Nährwertberechnung, Mischungsrechnen

Eine gesundheitsbewusste Kundin, die auf ihr Körpergewicht achtet, möchte wissen, ob die Pizzaschnitten sehr energiereich und fetthaltig sind. Sie berechnen den Energiegehalt der Pizzaschnitten und geben ihr Auskunft.

LF 2.3

1 Ein Blech Pizzaschnitten misst 60 x 40 cm. Die Pizzaschnitten werden in 15 x 10 cm große Stücke geschnitten.

Wie viele Pizzaschnitten ergeben ein Blech?

Ein Blech ergibt ______ Pizzaschnitten.

2 Berechnen Sie den Energiegehalt der Nährstoffe für ein Blech Pizzaschnitten und den Energiegehalt für eine Pizzaschnitte.

Energiewerte:
1 g Fett: 37 kJ; 1 g Kohlenhydrate: 17 kJ; 1 g Eiweiß: 17 kJ

Energiegehalt der Nährstoffe für ein Blech Pizzaschnitten		
Eiweißgehalt: 576 g Energiegehalt = ______ kJ	Fettgehalt: 277 g Energiegehalt: ______ kJ	Kohlenhydratgehalt: 505 g Energiegehalt: ______ kJ
Energiegehalt eines Blechs: ______	Energiegehalt einer Pizzaschnitte: ______	

3 Die Deutsche Gesellschaft für Ernährung e.V. empfiehlt folgende Nährstoffaufnahme, bezogen auf den Gesamtenergiebedarf: 55 % Kohlenhydrate, 30 % Fett und 15 % Eiweiß.
Im Durchschnitt soll eine Frau täglich 9 500 kJ zu sich nehmen, um das Normalgewicht zu halten.
Berechnen Sie den täglichen Nährstoffbedarf einer Frau an Kohlenhydraten, Fett und Eiweiß.

in kJ: Kohlenhydrate: ______ ; Fett: ______ ; Eiweiß: ______ ;

in g (runden Sie auf ganze g): Kohlenhydrate: ______ ; Fett: ______ ; Eiweiß: ______

Zu wie viel Prozent ist der tägliche Energiebedarf an Kohlenhydraten, Fett und Eiweiß beim Verzehr einer Pizzaschnitte gedeckt? Runden Sie bei den Berechnungen auf ganze kJ und ganze %.

Kohlenhydrate: ______ ; Fett: ______ ; Eiweiß: ______

4 Die Materialkosten für den Belag von Pizzaschnitten betragen 3,50 € je kg. Berechnen Sie die Zutatenmengen für ein Blech Pizzaschnitten, wenn 2,500 kg Belag benötigt werden.

Kg-Preise der Zutaten	Differenz	Summe	Erweitern	Kürzen	Teile
Schinken: 14,50 €/kg	______ €/kg	______ €/kg	· ______	: ______	______
Käse: 6,90 €/kg	______ €/kg		= ______	= ______	______
Mischungspreis: 3,50 €/kg					
Tomaten: 1,90 €/kg	______ €/kg	______ €/kg	· ______	: ______	______
Zwiebeln: 1,50 €/kg	______ €/kg		= ______	= ______	______
Paprika: 2,30 €/kg	______ €/kg				______
Oliven: 1,10 €/kg	______ €/kg				______
					______ Teile

Es werden jeweils ______ Schinken und Käse benötigt.

Es werden jeweils ______ Tomaten, Zwiebeln, Paprika und Oliven benötigt.

Verpacken: Papiertüten, Hohlpaket

Bei jedem Verkauf werden die gewünschten Waren verpackt. Deshalb sollen Sie der neuen Auszubildenden das fachgerechte Verpacken der Bäckerei-/Konditoreierzeugnisse in Papiertüten und in Hohlpaketen zeigen und sie auf die Besonderheiten der korrekten Verpackungen hinweisen.

1 Backwaren werden den Kunden beim Verkauf grundsätzlich verpackt überreicht. Nennen Sie die Gründe.

-
-
-

2 Nennen Sie Möglichkeiten, wie Backwaren mit trockener Kruste, z. B. Brötchen und andere Kleingebäcke sowie Brote, beim Verpacken angefasst werden.

-
-

3 Worauf muss beim Verpacken in eine Papiertüte besonders geachtet werden?

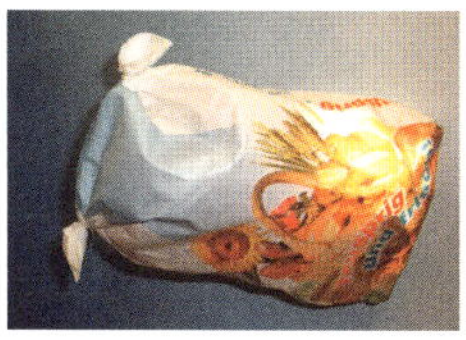

4 Beschreiben Sie, womit folgende Bäckerei-/Konditoreiwaren beim Verkauf angefasst werden:

- Feine Backwaren wie Plundergebäcke, Berliner:
- Desserts, z. B. Tiramisu, Windbeutel, und Blechkuchen, z. B. Bienenstich, Donauwellen:
- Tortenstücke:

5 Nennen Sie Beispiele von Bäckerei-/Konditoreierzeugnissen, die in einem Hohlpaket verpackt werden.

6 Erklären Sie die wichtigsten Merkmale eines Hohlpakets.

Auf dem Pappteller haben die Waren einen ________ Stand. Durch den Hohlraum ________ das Verpackungspapier nicht an den Waren, die somit nach dem Auspacken ________ sind.

Name:	Klasse:	Datum:

Werbung, Lebensmittelinformations-Verordnung

Durch Werbung versucht Ihre Bäckerei/Konditorei neue Kunden zu gewinnen und den Absatz der Waren zu erhöhen. Bei einer betriebsinternen Fortbildung sollen Sie mit Ihren Kolleginnen Vorschläge erarbeiten, damit die Werbemaßnahmen bei den Kunden ankommen und Kaufimpulse erzeugt werden.

1 Frische Waren von bester Qualität, die von freundlichen Fachverkäuferinnen verkauft werden, sind die beste Werbung. Nennen Sie weitere Werbemaßnahmen, die im Verkauf angewandt werden sollen.

- Das Warenangebot:
- Waren als Geschenke:
- Öffnungszeiten des Betriebs:
- Interesse für den Betrieb wecken:

2 Die „AIDA-Regel" ist hilfreich beim Einsatz der Werbemaßnahmen. Benennen Sie die Begriffe der vier Buchstaben und erklären Sie die Wirkung, die sie erfüllen sollen.

A
A =
Bedeutung:

I
I =
Bedeutung:

D
D =
Bedeutung:

A
A =
Bedeutung:

3 Erklären Sie, was die Lebensmittelinformations-Verordnung bei verpackten Bäckerei-/Konditoreiwaren vorschreibt, z. B. eingeschweißte Waren, Waren in verschlossenen Klarsichttüten, Waren in Folien als Geschenkverpackung.

Bezeichnung der verschlossen, verpackten Waren:

Gesetzlich vorgeschriebene Angaben auf den Verpackungen:

-
-
-
-
-
-
-
-

Attraktive Verpackungen, Einschweißen von Waren

Beim Verpacken verschiedener Erzeugnisse in der Bäckerei/Konditorei fragt eine Auszubildende, ob das zeitaufwendige Verpacken in teurem Verpackungsmaterial wirklich sinnvoll sei. Daraufhin führen Sie mit ihr ein Lehrgespräch, das die Auszubildende in das Berichtsheft übernehmen soll. Sie weisen die Auszubildende auch in die Funktionen des Verpackungsgeräts zum Einschweißen ein.

1 Erläutern Sie die Vorteile, wenn Bäckerei-/Konditoreierzeugnisse attraktiv verpackt im Laden angeboten werden.

-
-
-
-
-
-

Von Kunden individuell gewünschte Geschenkverpackungen sind ein Kundendienst des Betriebs.

2 Bäckerei-/Konditoreierzeugnisse werden häufig für den gewöhnlichen Verkauf eingeschweißt. Beschreiben Sie anhand der Abbildungen das Einschweißen von Waren.

In Schrumpffolie verpacken:

Vorgang im heißen Schrumpftunnel oder in der Schrumpfhaube:

Typisches der eingeschweißten Ware:

3 Beschreiben Sie, wie Erzeugnisse mit druckempfindlichen Garnierungen, z. B. Marzipanfiguren, dekorativ und luftdicht verpackt werden können.

4 Erklären Sie, was nach der Lebensmittelinformations-Verordnung angebracht werden muss.

Name:	Klasse:	Datum:

Geschenke in Folie verpacken

Sie werden beauftragt, für die Festtage bestimmte Erzeugnisse in Folie zu verpacken, da diese moderne Geschenkverpackung besonders attraktiv auf die Kunden wirkt.

1 Zählen Sie Bäckerei-/Konditoreierzeugnisse auf, die in Folien aus Zellglas als Geschenke verpackt werden können.

____

____

Worin wirken Pralinen und Teegebäcke in Folien verpackt besonders wertvoll?

____

____

LF 2.4

2 Beschreiben Sie das geschenkmäßige Verpacken der Waren in Folie. Erklären Sie auch das Kräuseln (Ringeln) der Ringelbänder. Füllen Sie die Lücken der Sätze mit den angegebenen Wörtern aus.

Folie – Splissers – Schleife – Schere – bis zum Bandende – Verknotung – raffen – Größe – Streifen – Ringelband – um die Ware schlagen – abschneiden – Innenseite – Krone – zuschneiden – gleich langen Enden – entlangfahren

Die Folie von der Rolle in der richtigen __________ mit einer Schere __________. Die zu verpackende Ware in die Mitte auf die __________ stellen. Die Folie, an den vier Ecken nehmend, nach oben __________. Über der Ware, die Folie __________ und mit einem __________ __________ verknoten. Die Folie über der Verknotung mit einer Schere von links und rechts schräg zur Mitte nach oben __________, sodass sich die Folie wie eine __________ ausweitet. An der Verknotung des Ringelbands kann zur Verschönerung noch eine __________ angebracht werden.

Kräuseln (Ringeln) der Ringelbänder:

Die zwei __________ des Ringelbands von der __________ weg kräuseln (ringeln). Dabei mit der Schnittseite einer __________ an der __________ des Ringelbands nach außen __________ hin in einem Zug __________.

Besonders attraktiv wirkt es, wenn ein 10 mm breites Ringelband mit den scharfen Nadeln eines __________ in dünne __________ geschnitten wird.

3 Erklären Sie, welche Werbemaßnahme auf keiner Folienverpackung fehlen sollte und wo sie angebracht werden soll.

____

____

Bänder und Schleifen auf Geschenkpackungen

„Können Sie mir bitte den Karton mit Teegebäck als Geschenk verpacken?", fragt eine Kundin. Als besonderen Kundenservice bieten Sie das Verpacken von Kartons mit Geschenkpapier an. Zur dekorativen Gestaltung wickeln Sie ein Ringelband darum und binden eine Schleife daran.

1 Obwohl Kunden nur noch selten die Schmuckkartons mit Pralinen und Gebäcken in Geschenkpapier verpackt haben möchten, sollte die Fachverkäuferin diese einfache Technik beherrschen.
Üben Sie das Verpacken von Kartons anhand der Bildreihe und mithilfe des Fachbuchs.

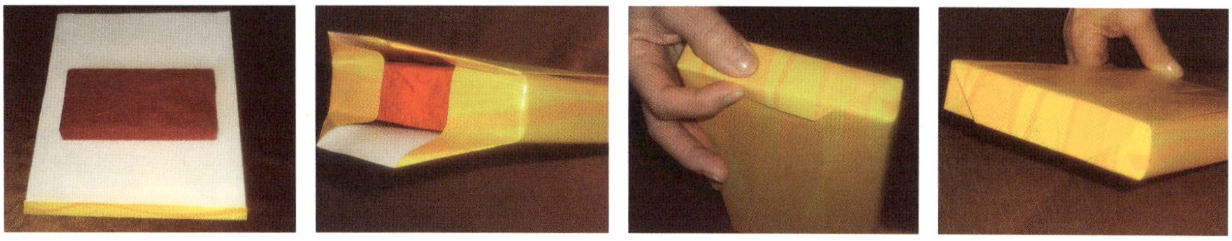

2 Häufig werden Geschenkpackungen mit Ringelbändern oder Schmuckbändern umwickelt. Üben Sie folgende zwei Arten mithilfe der Abbildungen.

- Band um zwei oder vier Ecken einer Kartonage binden:

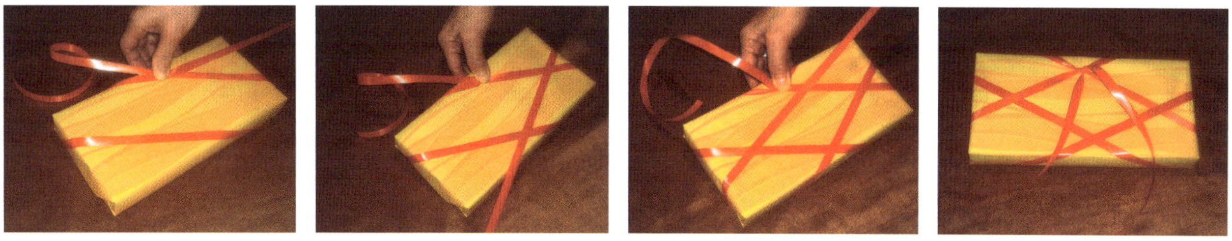

- Band kreuzweise um eine Kartonage binden:

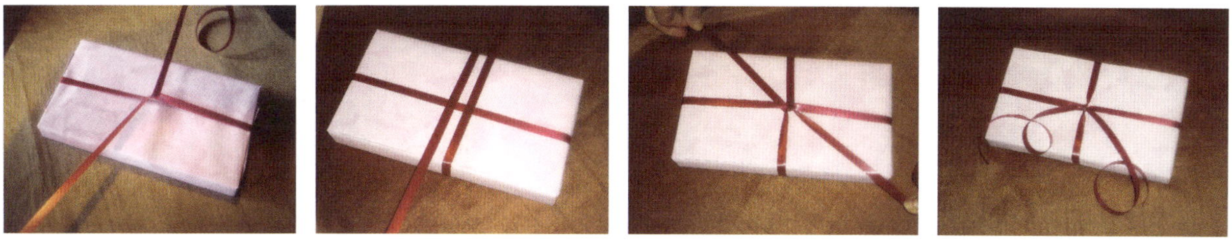

3 Schleifen sind der besondere Blickfang auf Geschenkpackungen. Stellen Sie die folgenden Schleifen wie in den Abbildungen her und befestigen Sie die Schleifen auf Kartonagen.

- Biedermeierschleife:

- Pompon:

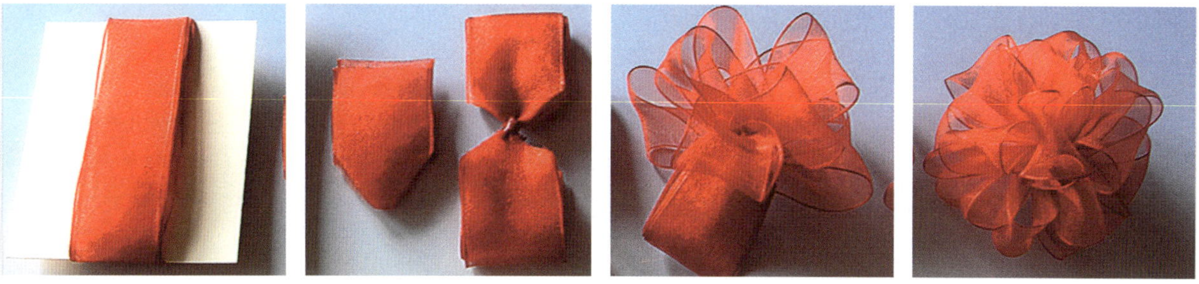

Name:	Klasse:	Datum:

LF 2.4

Dekoratives Belegen von Tabletts und Platten

Für einen feierlichen Anlass sollen Sie kleinere, besonders feine Bäckerei-/Konditoreierzeugnisse zur wirkungsvollen Präsentation dekorativ auf Tabletts bzw. Platten legen.

1 Nennen Sie kleinere Erzeugnisse der Bäckerei/Konditorei, die dekorativ auf Tabletts oder Platten gelegt werden, damit sie besonders gut zur Geltung kommen.

LF 2.4

2 Erläutern Sie anhand der Abbildung oben links, wie beispielsweise Teegebäcke gelegt werden.

-
-

Auflegen von flachen Teegebäcken:

3 Erklären Sie das Auflegen von Pralinen auf runde Tabletts oder halbrunde Spiegelplatten.

- Beginn des Auflegens und Weiterlegen:
- Belegen, damit vor allem auf Spiegelplatten eine besondere Wirkung erzielt wird:

4 Beschreiben Sie, wie Petits Fours, Käsefours und Kanapees auf Tabletts oder Platten gelegt werden.

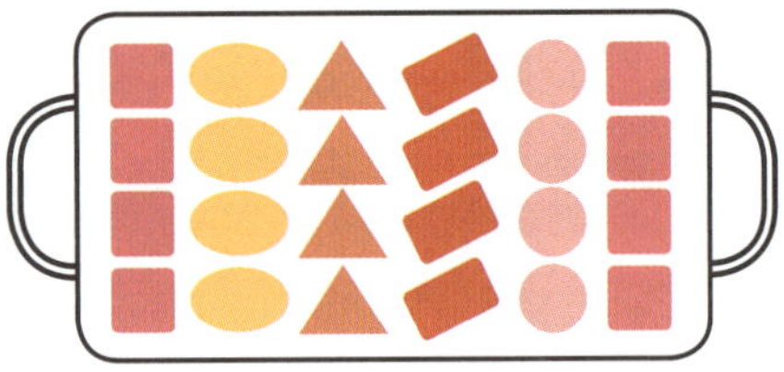

-
-
-
-

5 Formulieren Sie die Grundregeln beim Belegen, um eine dekorative Wirkung zu erzielen.

- Farbe der Erzeugnisse:

Formen der Erzeugnisse:

Größe der Erzeugnisse auf einem Tablett bzw. einer Platte:

Werbeplakate

In einem Fortbildungskurs sollen Sie Werbeplakate handschriftlich und mit dem Computer gestalten. Stellen Sie zuerst die Grundsätze beim Erstellen von Werbeplakaten heraus. Üben Sie das Gestalten verschiedener Werbeplakate, auch mit Bildern bzw. Zeichnungen.

1 Beschreiben Sie anhand des abgebildeten Werbeplakats, welche Grundsätze beim Erstellen eines Werbeplakats beachtet werden müssen, damit das Plakat eine positive Wirkung hat.

Plakat: •

•

Schrift: •

Text: •

•

Geben Sie Beispiele an, wie wichtige Textteile, z. B, die Warenbezeichnung, hervorgehoben werden können:

Neben den wichtigen Textteilen bzw. Wörtern enthalten Plakate zusätzliche Informationen. Wie werden diese dargestellt, damit das Geschriebene insgesamt abwechslungsreich wirkt und der Text leicht ersichtlich ist?

Buchstabengröße bzw. Wortgröße:

Gut sichtbare Schriftfarbe auf hellem Untergrund:

Bei der Platzeinteilung der Plakatfläche muss vermieden werden:

Computergeschriebene Plakate können aufgelockert werden mit

Handgeschriebene Plakate können aufgelockert werden mit

2 Gestalten Sie handgeschriebene Werbeplakate. Beim Plakatschreiben gibt es keine Normschrift. Üben Sie zuerst auf karierten Blättern mit einer Buchstabenhöhe von z. B. drei Kästchen. Später schreiben Sie auf einem zeilenlosen Blatt, auf dem Sie sich nur die Grundlinie mit einem Lineal leicht skizzieren und die Bleistiftstriche zum Schluss radieren. Oder Sie legen ein Blatt als Zeilenhilfe auf das Plakat. Bevor Sie dann auf den Plakatkarton schreiben, erstellen Sie zuerst einen Entwurf auf ein Blatt als Vorlage.

Erstellen Sie auch Werbeplakate mit dem Computer.

Verwenden Sie folgende Textbeispiele, die Sie auch abändern können oder Sie gestalten Plakate mit eigenen Texten.
- zur Frühjahrsdiät – ballaststoffreiche Vollkornbrote
- Apfelkuchen direkt vom Blech – mit Bio-Äpfeln
- frische Berliner – und die Partystimmung steigt
- Kinder lieben Obsttörtchen – so frisch und fruchtig
- Power-Frühstück – schmeckt und macht fit
- Pralinen – kleine Geschenke erhalten die Freundschaft
- für die Vatertagsfeier – Herrentorte mit Weincreme
- fruchtige Eisbecher – köstliche Erfrischungen

Name:	Klasse:	Datum:

LF 2.4

Preisschilder, Flyer

Für alle Waren, die den Kunden angeboten werden, ist die Preisangabe Pflicht. Beschreiben Sie, welche Angaben Preisschilder enthalten. Überlegen Sie, was beim Schreiben der Preisschilder beachtet wird, damit es leicht lesbare Informationsschilder werden. Außerdem entwerfen Sie für eine Aktion einen Flyer, der als Handzettel ausgegeben wird.

1 Beschreiben Sie, welche Angaben ein Preisschild enthält.

-
-
-
- evtl.
- freiwillig aus Werbegründen:

2 Preisschilder werden wie Werbeplakate mit Preisangaben geschrieben. Erklären Sie die Regeln beim Schreiben und Gestalten von Preisschildern.

- gut lesbare Schriftfarbe auf hellem Schild:
- leicht lesbare Schriftart:
- Platzierung der Warenbezeichnung:
- größer geschrieben wird:
- kleiner geschrieben wird:

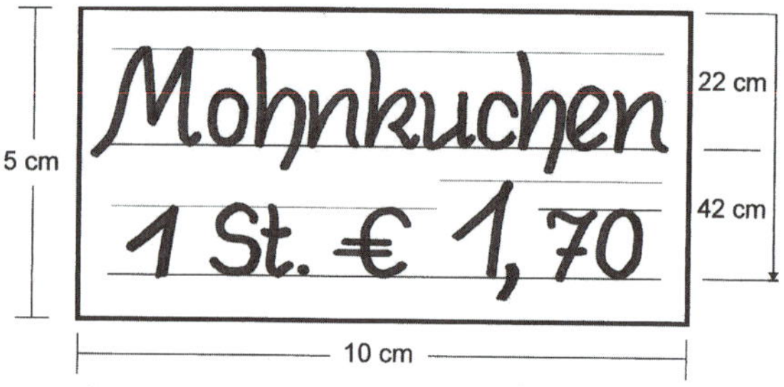

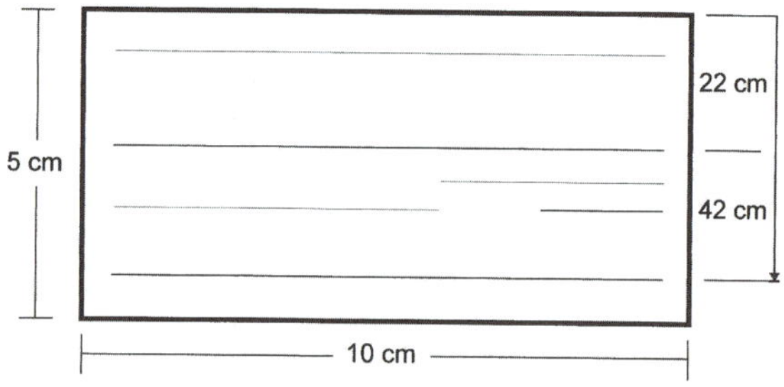

- Größe der Grundpreisangabe:

Erstellen Sie Preisschilder mit der Hand und mit dem Computer auf Schilder von 10 × 5 cm oder 12 × 6 cm. Achten Sie auf die Platzeinteilung und die unterschiedlichen Schriftgrößen, damit die Preisschilder übersichtlich sind. Mit dem Computer kann das Firmenlogo als Werbeaussage auf die Preisschilder gedruckt werden.

3 Erklären Sie anhand des Beispiels, was ein Flyer enthalten soll. Erstellen Sie mit dem Computer Flyer für Aktionen.

-
-
-
-
-
-
-

Schaufenster und Ausstellungstische

Manche Betriebe haben ein kleines Schaufenster, eine Ausstellungsfläche hinter den Fenstern des Ladens oder einen Ausstellungstisch im Laden, um mit der Präsentation bestimmter Waren einen besonderen Kaufanreiz zu schaffen. Sie gestalten diese Ausstellungsmöglichkeiten so, dass sie zu einem Blickfang werden.

1 Nennen Sie Anlässe zum Dekorieren von Schaufenstern und Ausstellungstischen.

- z. B.
- z. B.
- z. B.
- z. B.

2 Beschreiben Sie anhand der Abbildungen den Aufbau zum Dekorieren von Schaufenstern und Tischen.

-
-
-
-
-
-

3 Tragen Sie ein, wo die Bereiche im Schaufenster und auf Ausstellungstischen liegen, die von den Betrachtern unterschiedlich stark beachtet werden.

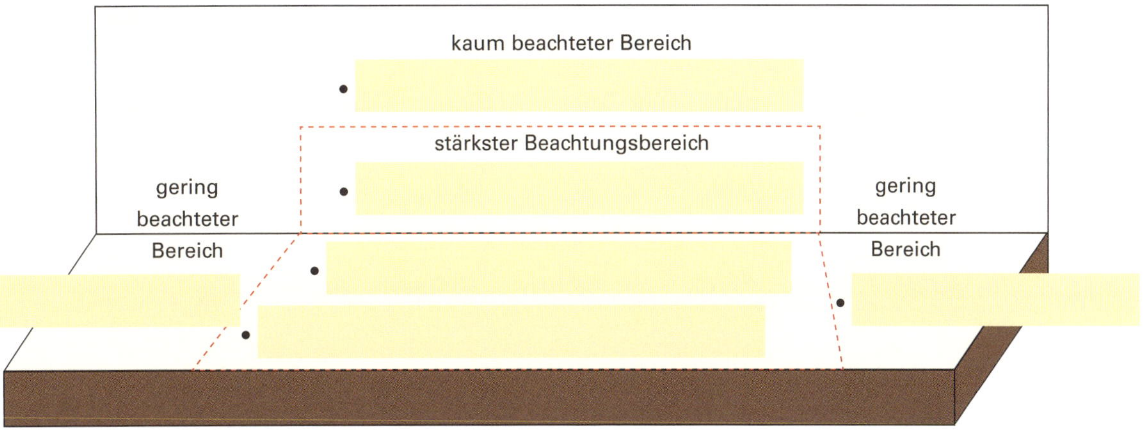

4 Erläutern Sie, was beim Dekorieren in den stärksten Beachtungsbereich gestellt wird.

Name:	Klasse:	Datum:

Schaufenster und Tische dekorativ gestalten

Mit Ihrer neuen Kollegin sollen Sie für eine Aktion zum Thema „Märchen" ein Schaufenster dekorieren. Sie besprechen dabei mit Ihrer Kollegin die allgemeinen Regeln des Dekorierens.

1 Beschreiben Sie die grundsätzlichen Dekorationsregeln beim Gestalten von Schaufenstern und Tischen, indem Sie die Lücken ausfüllen.

- Große und hohe Waren ___ aufstellen, kleine und niedrige Waren ___ anordnen.
- Die Waren und Dekorationsteile dürfen weder ganz noch teilweise ___ sein.
- Die richtige ___ ausstellen. Ein Schaufenster mit zu vielen Waren wirkt ___, ein Schaufenster mit zu wenigen Waren wirkt ___.
- Tabletts, Platten, Körbchen zur besseren Draufsicht, wenn möglich leicht ___ stellen.
- Nur ___ Tabletts und Körbchen wirken ansprechend.
- Damit die Waren schnell zu überblicken sind, gleiche Waren in ___ ausstellen.
- Auf ___ und ___ Tabletts, Platten und Körbchen wirken die Waren ansprechend.
- Die Waren müssen auf den Absätzen des Unterbaus ___ stehen.
- Blickfänge in den stärksten ___ der Betrachter stellen.

2 Erläutern Sie die zusätzlichen Regeln für die Gestaltung von Schaufenstern.

- Zusätzlich zum Unterbau auch die Rückwand und die Seitenwände mit einem ___ abhängen.
- Jede zum Verkauf angebotene Ware deutlich mit einem ___ kennzeichnen. Diese dürfen jedoch die Waren nicht ___ und nicht auf die Waren ___ werden.
- Ein ___ an der Rückwand beschreibt grundsätzlich das Thema der Schaufensterdekoration.
- Da die gleiche Dekoration nach längerer Zeit das ___ der Betrachter verliert, das Schaufenster nach einiger Zeit ___.

3 Nennen Sie jeweils eine auffallende Ware oder ein Dekorationsteil, die oder das sich als Blickfang eignet.

Weihnachten ___

Ostern: ___

Muttertag: ___

Thema Kuchen: ___

Thema Vollkornbrote: ___

Welche Voraussetzung müssen die Dekorationsteile erfüllen?

___

___

LF 2.4

Bestellungen aufnehmen, korrektes Telefonieren

Für eine Betriebsfeier zum 50. Firmenjubiläum bestellt die Sekretärin einer großen Firma telefonisch in Ihrer Bäckerei/Konditorei Backwaren für das kalte Büfett und verschiedene Waren zum Kaffee. Als Blickfang für die Kaffeetafel möchte der Betrieb eine Jubiläumstorte präsentieren.

1 Das Autohaus Graf, Seestraße 45 in 95047 Kaiserstadt, bestellt zum 50. Firmenjubiläum folgende Waren: 15 Baguettes, 20 Tiramisudesserts, 40 Obstschnitten, 1 Festtagstorte mit Dekor. Der Dekor soll von Ihnen festgelegt werden. Sie vereinbaren mit dem Anrufer, dass der Rechnungsbetrag abzüglich 8 % Rabatt überwiesen wird. Die Abhol- oder Lieferbedingungen legen Sie fest.
Sie notieren die oben angegebenen sowie alle weiteren erforderlichen Bestellinformation als Memo.

MEMO

LF 3.1

2 Erklären Sie die Regeln beim Telefonieren für ein erfolgreiches Gespräch.

Damit die Stimme ruhig wirkt:

Damit das Gesprochene leicht verstanden wird:

Damit die Stimme freundlich wirkt:

Damit keine Angaben überhört werden:

Damit der Kunde alles vermitteln kann:

Damit Missverständnisse durch Hörfehler vermieden werden:

Name:	Klasse:	Datum:

Kundenandrang

Manchmal kommen mehrere Kunden gleichzeitig in den Laden und wollen alle schnell bedient werden. Sie stellen mit Ihrer Sozial- und Fachkompetenz die Kunden trotz Kundenandrang zufrieden.

1 Beschreiben Sie mögliche Reaktionen von Kunden bei Kundenandrang und wie die Fachverkäuferin darauf reagiert.

Kunden

Bewegungen:

Gesichtsausdruck und Sprache:

Reihenfolge:

Fachverkäuferin

Gesichtsausdruck und Sprache:

Verhalten beim Bedienen:

Verkaufsablauf:

LF 3.1

2 Erklären Sie, wie Sie in folgenden Situationen bei Kundenandrang die Kunden beruhigen, um sie zufriedenzustellen:

Sie beraten gerade eine Kundin und beobachten, dass der Kunde dahinter immer unruhiger wird.

Sichtlich nervös wartet ein Kunde. Endlich ist er an der Reihe und Sie bedienen ihn.

Die Kundin sagt: „Kann ich noch die Bestellung für meine Familienfeier mit Ihnen besprechen, obwohl schon so viele Kunden warten?"

Ein Kunde drängelt sich nach vorne und fragt freundlich: „Können Sie mir schnell ein Vollkornbrot geben? Mein Bus fährt gleich."

Sie haben beobachtet, dass die Kundin, die gerade ihren Kaufwunsch äußert, einen kleinen Jungen beiseite geschoben hat, um sich vorzudrängeln.

Ein Kunde möchte gerade seinen Kaufwunsch äußern. Da unterbricht ihn ein Kunde daneben und sagt, dass er vor diesem Herrn an der Reihe sei.

Vom Kunden gewünschte Ware ist nicht vorhanden

*Einige Kunden sind enttäuscht, wenn die gewünschte Ware nicht vorhanden ist.
Sie versuchen, die Kunden zufriedenzustellen.*

1 Spätnachmittags findet in der Bäckerei/Konditorei folgendes Verkaufsgespräch statt:

Kunde:
„Ich hätte gerne fünf Windbeutel."

Fachverkäuferin:
„Es tut mir leid, aber die Windbeutel sind meistens nach den Kaffeestunden am Nachmittag ausverkauft. Die Windbeutel sollten wegen der Sahne frisch gegessen werden. Außerdem würde das rösche Brandmassegebäck bei längerer Aufbewahrung aufweichen. Gewöhnlich haben wir täglich bis 16.00 Uhr Windbeutel. Aber Bienenstich mit Vanillecreme gefüllt, kann ich Ihnen stattdessen empfehlen und auch Schaumrollen, die Blätterteigrollen mit lockerer Baisermasse."

Die Fachverkäuferin zeigt auf die empfohlenen Gebäcke mit einer Handbewegung.

Erklären Sie anhand dieses fachlich richtigen Verkaufsgesprächs, was die Antwort einer Fachverkäuferin beinhalten sollte, wenn vom Kunden gewünschte Ware nicht mehr vorhanden ist.

-
-
-

2 Formulieren Sie eine mögliche Antwort, wenn ein Kunde Blätterteiggebäcke wünscht und diese nicht mehr vorrätig sind.

3 Wie reagieren Sie innerbetrieblich, wenn bestimmte Waren öfter frühzeitig ausverkauft sind oder Kunden häufig nach Waren fragen, die Sie in Ihrem Betrieb nicht führen?

4 Ein Verein bestellte in Ihrer Bäckerei/Konditorei eine größere Menge an Backwaren und möchte die beim Vereinsfest übrig gebliebenen Waren zurückgeben. Geben Sie ihm zu diesem Sachverhalt Auskunft.

Name:	Klasse:	Datum:

LF 3.1

Ladendiebstahl

Auf einem Tisch im Laden haben Sie in Folie verpackte Keramiktassen, die mit Pralinen gefüllt sind, ausgestellt. Sie beobachten einen Kunden, als er einen dieser Geschenkartikel in die Einkaufstasche steckt. Sie handeln entsprechend.

1 Nennen Sie vorbeugende Maßnahmen gegen Ladendiebstahl.

- Gelegenheit macht Diebe:

- Bei verdächtigen Personen, wenn Waren im Kundenbereich des Ladens erreichbar sind:

2 Erklären Sie, wann eine Ware als gestohlen gilt und somit Diebstahl vorliegt.

Wenn ein Kunde eine Ware

LF 3.1

3 Wann sprechen Sie einen des Diebstahls verdächtigen Kunden nur an?

Ein Kunde, den Sie beim Verstecken einer Ware beobachtet haben, legt weitere Waren zum Bezahlen auf die Verkaufstheke. Welche Chance geben Sie ihm noch vor dem Bezahlen, damit eindeutig wird, ob er die Ware wirklich stehlen möchte?

Sie beschuldigen einen Kunden des Diebstahls. Welche Voraussetzung sollten Sie schaffen, damit Sie den Diebstahl später beweisen können?

Wie können Sie die Identität einer unbekannten Person feststellen?

Wie verhält sich die Fachverkäuferin grundsätzlich bei Ladendiebstählen?

4 Kreuzen Sie die richtigen Maßnahmen bei einem Ladendiebstahl an.

- Der verdächtigte Kunde muss trotz Weigerung die Fachverkäuferin zur Klärung in seine Tasche schauen lassen.
- Wenn sich die Fachverkäuferin sicher ist, hat sie das Recht, die Kleidung des Verdächtigen zu durchsuchen.
- Die Fachverkäuferin hat nicht das Recht, Taschen des Verdächtigen einzusehen oder die Kleidung zu durchsuchen.
- Nur die gerufene Polizei darf die Tasche und Kleidung des Verdächtigen durchsuchen.
- Die Fachverkäuferin sollte bei Diebstahl die Betriebsleitung verständigen.
- Die Fachverkäuferin sollte bei jedem Diebstahl sofort die Polizei verständigen.
- Nachdem der Diebstahl geklärt ist, spricht die Fachverkäuferin sofort ein Hausverbot aus.
- Nur die Betriebsleitung entscheidet, ob Anzeige erstattet und/oder ein Hausverbot ausgesprochen wird.
- Kinder sollte die Fachverkäuferin zur Abschreckung sofort anzeigen.
- Je nach Alter des Kindes kann die Fachverkäuferin es bei einer Ermahnung belassen oder sie gibt den Erziehungsberechtigten Bescheid.

Reklamationen I

Beschwerden von Kunden sind meistens unangenehm. Bei einer betriebsinternen Fortbildung sollen Sie erarbeiten, warum Reklamationen trotzdem positiv für den Betrieb sind. Außerdem stellen Sie Regeln auf, wie sich eine Fachverkäuferin bei Reklamationen verhalten sollte.

1 Erklären Sie, welche Chancen sich für den Betrieb ergeben, wenn ein Kunde bei einer Reklamation auf Fehler hinweist.

-
-
-

Erläutern Sie, welche Nachteile sich für den Betrieb ergeben, wenn Kunden unzufrieden und verärgert sind, aber nicht reklamieren. Oder wenn Kunden mit der Abhandlung der Reklamation nicht zufrieden sind.

-
-
-

LF 3.1

2 Beschreiben Sie das Verhalten der Fachverkäuferin bei Reklamationen.

Der unzufriedene Kunde hat das Bedürfnis, seine Unzufriedenheit oder seinen Ärger mitzuteilen.

Grundsätzliches Verhalten der Fachverkäuferin, auch wenn ein Kunde laut wird oder sogar provoziert.

Der Kunde erwartet, dass der Mangel zu seiner Zufriedenheit beseitigt wird.

Erklären Sie das grundsätzliche Ziel der Fachverkäuferin bei den Reklamationen.

3 Welche Arten von Reklamationen gibt es und welche Möglichkeiten, darauf zu reagieren?

Reklamation

oder und und

Name: Klasse: Datum:

Reklamationen II

Die Beschwerde eines Kunden war nach Ansicht der Fachverkäuferin nicht berechtigt. Sie diskutieren während der Fortbildungsveranstaltung, ob auch bei unberechtigten Reklamationen Zugeständnisse gemacht werden sollten.

1 Ein Kunde beschwert sich, weil das Brot vom letzten Einkauf am Boden verbrannt war. Die Fachverkäuferin antwortet, dass sie keine Schuld habe und somit nichts machen könne, weil dafür die Bäcker in der Produktion zuständig seien. Beschreiben Sie, wie Sie diese Reklamation behandeln würden.

2 Erkennen Sie bei folgenden Kundenreklamationen, ob diese vom Kunden berechtigt oder unberechtigt sind. Kreuzen Sie die berechtigten Reklamationen an.

- [ ] Ein Kunde beschwert sich, weil die Arbeitsschürze einer Fachverkäuferin manchmal unsauber ist.
- [ ] „Die Sahne der Schwarzwälder Kirschsahnetorte schmeckt nicht nach Kirschwasser."
- [ ] „Die Mandelmakronen schmecken mir nicht; sie sind zu süß."
- [ ] Die Fachverkäuferin gab dem Kunden Roggenbrot vom Vortag.
- [ ] „Die Herrentorte war mit Weincreme gefüllt. Ich war der Meinung, dass diese Torte Schokoladenbuttercreme enthält."
- [ ] Die Fachverkäuferin erklärte dem Kunden, dass die Prinzregententorte mit Schokoladenkuvertüre überzogen ist. Es wurde aber Fettglasur verwendet.
- [ ] „Die Pralinen sind zu teuer. Die von der Industrie sind viel preisgünstiger."

3 Wie regelt eine Fachverkäuferin Reklamationen? Kreisen Sie die richtigen Reaktionen ein.

Geringfügige Beanstandungen, ob zu Recht oder zu Unrecht, sofort zur Zufriedenheit des Kunden erledigen, weil der Wert der reklamierten Ware meist geringer ist als der Schaden, der durch einen verlorenen Kunden entsteht.

Bei nicht eindeutig feststehender Schuldfrage keine Zugeständnisse machen.

Auch bei Reklamationen, die nicht eindeutig der Bäckerei/Konditorei zuzuschreiben sind, das Problem großzügig zur Zufriedenheit des Kunden lösen.

Bei widersinniger oder provokativer Reklamation dem Kunden den Sachverhalt ruhig und fachlich qualifiziert erklären. Es müssen keine Zugeständnisse gemacht werden.

Unberechtigte Reklamationen grundsätzlich nicht anerkennen, weil den Betrieb keine Schuld trifft.

Auch sichtlich provokative Beschwerden ohne lange Diskussion großzügig behandeln.

Auch bei unberechtigten Beschwerden sind die Kunden unzufrieden. Deshalb großzügig sein und so die Kunden zufriedenstellen.

Reklamationen im Laden möglichst im Beisein von Kunden abhandeln, damit Zeugen vorhanden sind.

Die Fachverkäuferin verteidigt sich möglichst nicht und gebraucht keine Ausreden, sondern argumentiert sachlich.

Torten, Desserts

Ihr Betrieb plant eine Werbeaktion „Torten und Desserts für die Kaffeetafel“ und „Festtagstorten für jeden Anlass“. Dafür sollen Sie einen Flyer gestalten, indem Sie möglichst viele Torten und Desserts anbieten.

1 Erklären Sie den Begriff „Anschnitttorten“ und beschreiben Sie die typischen Merkmale.

Durchmesser: Garnierung:

Stückzahl: hohe Torten: flache Torten:

2 Nennen Sie folgende Anschnitttorten, die nach ihrer Form benannt werden:

LF 3.2

3 Wie werden folgende Festtagstorten benannt?

Drei-, vier- und fünfstöckige Torten auf einem Ständer. Der Durchmesser der Torten verringert sich nach oben:

Ca. 4 cm hohe Torten mit einem Durchmesser von 14 bis 22 cm:

4 Erklären Sie Desserts in der Bäckerei/Konditorei, indem Sie die Lücken der Sätze ergänzen.

Desserts sind wie Torten mit denselben ______ und ______, jedoch in anderen ______. Sie eignen sich ebenso wie Torten zum ______.

Benennen Sie die abgebildeten Desserts.

Name:	Klasse:	Datum:

Herstellen von Torten, Dekors und Garnierungen

Sie helfen bei der Tortenherstellung mit, damit Sie das Tortenangebot Ihrer Bäckerei/Konditorei bei der Kundenberatung genau erklären können. In Ihrem Berichtsheft beschreiben Sie die einzelnen Arbeitsschritte mit den Fachausdrücken.

1 Beschreiben Sie mithilfe der Abbildungen die Herstellungsschritte für Torten, die mit Cremes, Sahne und Konfitüre gefüllt werden.

LF 3.2

2 Erklären Sie, womit Tortenböden getränkt werden.

Grundzutaten	Herstellung und Fachbegriff der Flüssigkeit	Geschmacksstoff für die Tortentränke
• 1000 g ______ • 750 g ______	Herstellung: ______ Fachbegriff: ______ ______	ca. 150 g ______ zum Beispiel: ______ Tränkename: ______

Womit werden die Tortenböden für Kindertorten getränkt?

• ______ oder • ______

3 Lösen Sie das folgende Rätsel zum Thema „Beschriftung und Garnierung von Festtagstorten".

Meistens wird die Schrift garniert auf ein

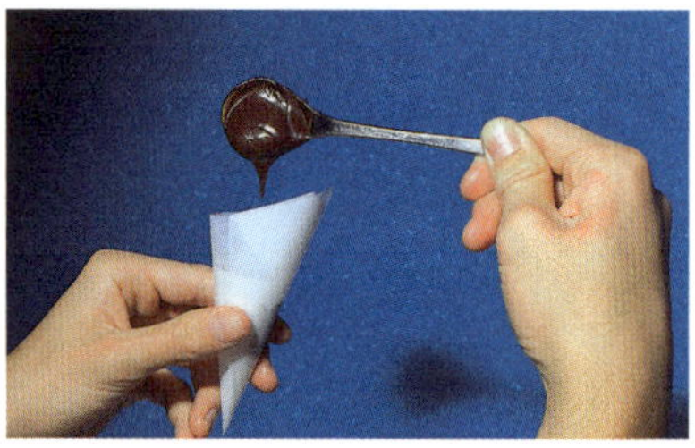

Es besteht aus dünn ausgerolltem

Die Garniermasse, die nach ihrem Material benannt wird, heißt

Garniert wird mit einer aus fettundurchlässigem Papier gedrehten

Garnierte Verzierungen in verschiedenen Motiven, die auf Torten gelegt werden, heißen

Buttercremes, Fettcremes

Für eine Feier zum 30. Geburtstag bieten Sie einer Kundin eine Festtagstorte mit deutscher oder französischer Buttercreme an. Die Kundin möchte den Unterschied der Cremearten wissen. Sie beraten sie auch, wie die Torte gelagert werden sollte.

1 Entscheiden Sie, ob die folgenden Aussagen zu den Bestimmungen nach den Leitsätzen für Buttercreme und Fettcreme falsch oder richtig sind, und tragen Sie die Antworten entsprechend ein.

- ______ Für Buttercreme muss mindestens die Hälfte des Fettanteils Butter sein, der Rest ist Crememargarine.
- ______ Wird statt Butter Crememargarine verwendet, wird die Creme als Fettcreme bezeichnet.
- ______ Cremes aus Convenience-Produkten sind Buttercremes, da sie nur Butter enthalten.
- ______ Cremes aus Convenience-Produkten sind Fettcremes, da sie Margarine enthalten.
- ______ Wird ein Teil der Butter durch Margarine ersetzt, darf die Creme nicht als Buttercreme bezeichnet werden.
- ______ Wenn nur ein Teil der Butter durch Margarine ersetzt wird, darf die Creme als Buttercreme bezeichnet werden.
- ______ Bei Buttercreme muss der Butteranteil geschmacklich dominieren.
- ______ Für Buttercreme muss als Fett ausschließlich Butter verwendet werden.

2 Tragen Sie die Bestandteile der drei Buttercremearten ein.

	deutsche Buttercreme	französische Buttercreme	italienische Buttercreme
Hauptbestandteil: Zugaben:	1 Teil ______ 1,5 bis 2 Teile: ______	1 Teil ______ 1 Teil ______	1 Teil ______ 1 Teil ______
Bestandteile der Zugaben	• 3/4 ______ • 1/4 Zucker, Eigelb und Weizenstärke	• 1/2 ______ • 1/2 ______	• 1/3 ______ • 2/3 ______
Besonderheiten der Cremes in den Cremetorten und Cremedesserts	wegen des hohen Vanillecremeanteils: ______	wegen des hohen Butter- und Eieranteils: ______	wegen des Anteils an Baisermasse: ______

3 Im folgenden Text werden die wichtigsten Kundeninformationen über Erzeugnisse mit Buttercreme und Fettcreme gegeben. Füllen Sie die Lücken in den Sätzen mit den nachfolgenden Wörtern.

einige Tage – fettig – Kühlschrank – Kühltheke – temperaturempfindlich – wenig Creme

Cremeerzeugnisse sind geschmackvoll und schmecken nicht ______, da sie dünn eingestrichen nur ______ zwischen den getränkten Tortenböden und Kapseln enthalten. Cremetorten und Cremedesserts werden in der ______ angeboten bzw. im ______ gelagert. Gekühlt sind sie ______ lagerfähig. Cremeerzeugnisse sind nicht ______ und können einige Zeit bei Raumtemperatur auf dem Kaffeetisch oder bei Feierlichkeiten auf dem Festtagstisch stehen.

Name:	Klasse:	Datum:

LF 3.2

Cremetorten, Cremedesserts

Per E-Mail fragt eine Firma an, ob Sie für die Kaffeetafel der Betriebsfeier verschiedene Cremetorten und Cremedesserts anbieten können. Sie beschreiben der Firma die Merkmale der Cremeerzeugnisse Ihres Betriebs. Sie geben auch Tipps für die Präsentation, damit der Geschmack der Cremes gut zur Geltung kommt.

1 Nummerieren Sie die Reihenfolge, in der der Aufbau von Torten beim Empfehlen und Beraten erklärt wird.

☐ Überzug bzw. Dekor ☐ Tortenboden ☐ Füllung

2 Nennen Sie die Tortenböden, die für die Tortenherstellung verwendet werden.

überwiegend: ___ manchmal: ___

3 Erklären Sie eine Nussbuttercremetorte beim Verkauf stellvertretend für andere Cremetorten.

Tortenboden: ___

Füllung: ___

Überzug: ___

Dekor: ___

Beschreiben Sie auf einem separaten Blatt verschiedene Cremetorten für die Kundenberatung.

4 Erklären Sie Cremedesserts.

Backware und Masse: ___

Füllung: ___

Bezeichnungen der häufigsten Cremedesserts:

___

5 Geben Sie an, wie Cremetorten und Cremedesserts nach der Entnahme aus der Kühlung am besten schmecken. Ergänzen Sie die Lücken im folgenden Text.

Die Cremeerzeugnisse sollen nicht direkt aus der ___ gegessen werden, da die kalte Creme zu wenig ___ hat und zu ___ ist. Vor dem Verzehr sollten deshalb Cremetorten und Cremedesserts aus der Kühlung genommen werden, damit sich die Creme bei Raumtemperatur etwas ___. In temperiertem Zustand bekommt die Creme einen ___ und es entwickelt sich der ___.

LF 3.2

Schlagsahne

Damit Sie wissen, wie die Erzeugnisse der Bäckerei/Konditorei hergestellt werden, arbeiten Sie auch in der Produktion mit. Beim Herstellen der Sahneerzeugnisse wird Ihnen der Vorgang des Sahneaufschlagens erklärt, den Sie dann in Ihr Berichtsheft schreiben.

1 Woraus wird Sahne in der Molkerei hergestellt?

Kreuzen Sie an, wie viel Milchfett nach dem Gesetz in Schlagsahne mindestens enthalten sein muss.

1,5 %	3,5 %	10 %	15 %
20 %	30 %	35 %	40 %

2 Erklären Sie mithilfe der Zeichnung die Vorgänge beim Aufschlagen bzw. Aufblasen von Schlagsahne.

-
-
-

LF 3.2

3 Beschreiben Sie die Herstellung der Schlagsahne für Sahnetorten und Sahnedesserts.

Lagerung der Sahne	Verarbeitungstemperatur	zur Geschmacksverbesserung

Das freie, ungebundene Wasser in aufgeschlagener Schlagsahne wird gebunden durch verflüssigte ______ oder pulverförmiges ______ .

Auswirkung der Bindemittel auf die Schlagsahne in Torten und Desserts:

Kein Bindemittel für Schlagsahne zum ______ , z. B. auf Erdbeertorten, Eisbecher.

Für Sahnetorten und Sahnedesserts wird in die aufgeschlagene Sahne ein Geschmacksstoff eingerührt, der der Schlagsahne den Namen gibt, z. B. für:

- Vanille-, Nuss-, Mokkasahne:
- Erdbeer-, Himbeersahne:
- Schokoladensahne:
- Kirschwasser-, Rumsahne:

Name:	Klasse:	Datum:

Sahnetorten, Sahnedesserts

Weil die lockeren Sahnetorten und Sahnedesserts gut bekömmlich sind, werden sie im Gegensatz zu den Buttercremeerzeugnissen dick mit Schlagsahne eingestrichen. Sie erklären die Zusammensetzung der Sahneerzeugnisse anschaulich beim Empfehlen und Beraten im Verkauf.

1 Erklären Sie die traditionelle Schwarzwälder Kirschsahnetorte.

Boden:

Füllung: • und

•

Dekor: • im Mittelteil der Tortenoberfläche: • auf jedem Stück der Torte außen:

Beschreiben Sie die Bestimmungen der Leitsätze für die Sahne in der Schwarzwälder Kirschsahnetorte.

2 Beschreiben Sie den Aufbau der Holländer Kirschsahnetorte und Holländer Kirschsahneschnitten.

LF 3.2

Tortenböden bzw. Böden der Desserts:

Füllung: •

•

Dekor: oberer Boden: jedes Stück:

3 Torten bestehen aus Tortenböden sowie aus Füllungen und Garnierungen. Nennen Sie die Bestimmungen der Leitsätze für Sahnetorten und Sahnecremetorten.

Die Füllung und Garnierung einer **Sahnetorte** besteht aus	Die Füllung und Garnierung einer **Sahnecremetorte** besteht aus

Sahnecremetorten enthalten weniger als Sahnetorten.

4 Geben Sie die Hauptzutaten einer Sahnecreme in der Käsesahnetorte an.

600 g und 500 g . Außerdem enthält die Sahnecreme noch 150 g Milch, 200 g Zucker, 80 g Eigelb und 10 g Gelatine.

Berechnen Sie den Sahneanteil dieser Sahnecreme in Prozent: %

Nennen Sie weitere Sahnetorten und Sahnedesserts mit Sahnecreme, die nach der geschmacksbestimmenden Zutat benannt werden.

5 Nennen Sie verschiedene Sahnedesserts.

Konfitüren, Gelees, Marmeladen

In Ihrer Bäckerei/Konditorei wird großer Wert auf selbst hergestellte Erzeugnisse aus frischen Zutaten gelegt. Daher werden in der Sommersaison erntefrische Früchte eingekauft, die zu verschiedenen Gebäcken und Obsterzeugnissen verarbeitet werden. Sie sollen Konfitüren und Gelees herstellen.

1 Beschreiben Sie, wie Konfitüren hergestellt werden.

Zutaten: ____________ und ____________

Herstellung: ____________

2 Aus welchen Zutaten besteht Gelierzucker?

Hauptbestandteil: ____________ Bindemittel: ____________

Gibt einen leicht säuerlichen Geschmack: ____________

Woraus werden diese Bindemittel gewonnen? ____________

Erklären Sie, welche Aufgabe das Bindemittel bei der Konfitüreherstellung bei ca. 105 °C erfüllt.

____

3 Die Konfitürenverordnung regelt, wie viel Gramm Früchte bzw. Fruchtsaft für die Herstellung von Obsterzeugnissen verwendet werden müssen. Tragen Sie die Gewichtsanteile sowie die Namen der Erzeugnisse in die Tabelle ein, die für 1 000 g Konfitüre, Gelee, und Marmelade verwendet werden müssen.

Zucker	Zucker	Zucker	Zucker	Zucker
+	+	+	+	+
mindestens ______ g	mindestens ______ g	mindestens ______ g	mindestens ______ g	mindestens ______ g
Obsterzeugnis:	Obsterzeugnis:	Obsterzeugnis:	Obsterzeugnis:	Obsterzeugnis:

4 Geben Sei den Namen und Fruchtgehalt der qualitativ hochwertigsten Konfitüren und Gelees an, die im Handel angeboten werden. Diese Erzeugnisse fallen nicht unter die Konfitürenverordnung.

Name: ____________ Fruchtgehalt je 1000 g Obsterzeugnis: ____________

5 Erläutern Sie, wie bei Konfitüre und Gelee, die mit mehreren Früchten hergestellt werden, die einzelnen Früchte gekennzeichnet werden müssen.

____

Name:	Klasse:	Datum:

Torten und Desserts mit Konfitüre, Geleeguss

Ein Kunde möchte verschiedene Tortenstücke, jedoch ohne Sahne und Creme, aber mit Konfitüre gefüllt. Empfehlen und erklären Sie ihm bekannte Torten.

1 Erläutern Sie die klassische Sachertorte beim Verkauf, für die in den Leitsätzen folgende Bestimmungen festgelegt sind.

Sachertorte: Eine Schokoladentorte aus Sachermasse, gefüllt mit einer Fruchtfüllung, die mindestens 45 % Aprikosen enthält, überzogen mit Schokoladenkuvertüre. Mit Schokoladenarten verwechselbare Überzüge dürfen nicht verwendet werden.

Sachermasse: Auf 1 kg Weizenmehl müssen jeweils mindestens 1 kg Schokolade, 1 kg Butter und 2 kg Vollei verwendet werden.

Tortenboden:

Füllung:

Überzug:

traditionelle Garnierung:

LF 3.2

2 Beschreiben Sie auf einem separaten Blatt bekannte Torten, die mit Konfitüre gefüllt sind, z. B. Punschtorte, Linzer Torte. Nehmen Sie Ihr Fachbuch zu Hilfe.

3 Erklären Sie anhand der Abbildung den Aufbau von Obsttorten und Obstschnitten.

4 Warum müssen die Früchte auf Obsttorten und Obstschnitten völlig mit Geleeguss bedeckt sein?

5 Kreuzen Sie den Satz an, der Geleeguss erklärt.

- Geleeguss ist eine Flüssigkeit aus Wasser mit etwas Zucker, die mit aufgelöster Gelatine beim Erkalten gebunden wird.
- Geleeguss ist Wasser mit etwas Zucker, das durch Aufkochen mit verschiedenen Bindemitteln beim Abkühlen gebunden wird.
- Geleeguss ist Wasser, das beim Erhitzen auf 90 °C mit Stärke gebunden wird.
- Geleeguss ist Fruchtsaft, der durch die Früchte nach dem Auftragen gebunden wird.

6 Unterstreichen oder markieren Sie die geeigneten Bindemittel, die in das Geleepulver für Geleeguss gemischt werden.

Johannisbrotkernmehl, Gelatine, Stärke, Agar-Agar, Alginate, Cremepulver, Lezithin, quellfähiges Eiweiß, Guarkernmehl, Zitronensäure, Lebensmittelfarbe, Glyzerin, Mineralstoffe, Carrageen, Kleber, Zucker

Stärke als Bindemittel

Sie helfen in der Backstube bei der Herstellung von Torten mit und sollen deutsche Buttercreme herstellen. Damit Sie die Vanillecreme (Vanillepudding) vorschriftsmäßig herstellen, beschreiben Sie vorab die einzelnen Arbeitsschritte.

1 Erläutern Sie den Begriff „Bindemittel".

2 Stärke ist ein bedeutendes Bindemittel für Bäckerei-/Konditoreierzeugnisse. Tragen Sie in die Lösungskästen das Lebensmittel ein, woraus die in der Bäckerei/Konditorei verwendete Stärke gewonnen wird, und schreiben Sie den Namen dieser Stärke hinter dem Prozentanteil.

______________________	
30 % Eiweiß, Wasser, Kohlenhydrate, Fett, Mineralstoffe, Vitamine	70 % ______________________

Aussehen der Stärke:

3 Unter dem Mikroskop ist Stärke als kleine Körner erkennbar. Erklären Sie mithilfe der Abbildungen, wie die kleinen Weizenstärkekörner beim Erhitzen mit Wasser reagieren.

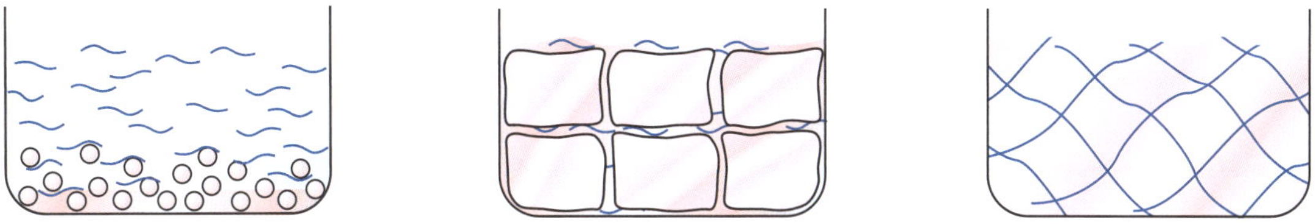

in ca. 40 °C warmem Wasser | in ca. 60 °C warmem Wasser | in ca. 90 °C warmem Wasser

Erklärung: ______________________

Fachausdruck der Wasserbindung durch Stärke: ______________________

4 Nennen Sie Beispiele der Stärkeverkleisterung in der Bäckerei/Konditorei.

Verkleisterung beim Kochen

Milch:

Sauerkirschsaft:

5 Nach der Verkleisterung der Stärke erfolgt die Retrogradation, die Rückbildung der Stärke. Erklären Sie diesen Vorgang.

Name:	Klasse:	Datum:

LF 3.2

Gekochte Cremes

Die Betriebsleitung händigt jeder Fachverkäuferin Informationsblätter aus, in denen die verschiedenen Erzeugnisse mit Cremes beschrieben sind. Von Zeit zu Zeit kontrolliert die Chefin Ihr Wissen. Heute sollen Sie gekochte Cremes erklären.

1 Vanillecreme, auch Vanillepudding genannt, gehört zu den gekochten Cremes. Ergänzen Sie die Zutaten der Rezeptur der Vanillecreme und beschreiben Sie die Herstellung.

Rezepturbeispiel: Vanillecreme	Herstellung
900 g ______	• ______
100 g ______	• ______
200 g ______	______
80 g ______	• ______
90 g ______	______
2 g ______	• ______
Aroma: ______	
______ Vanillecreme	

2 Erklären Sie „leichte Vanillecreme".

Beschreiben Sie die Herstellung von leichter Vanillecreme.

3 Nennen Sie Verwendungsmöglichkeiten der Vanillecreme als Füllung für Bäckerei-/Konditoreierzeugnisse.

4 Benennen Sie die zwei gekochten Cremes anhand der Abbildung und nennen Sie jeweils die Flüssigkeit, die bei diesen gekochten Cremes mit Stärke gebunden werden.

Bezeichnung:

Flüssigkeit:

Verwendung als Füllung für:

Bezeichnung:

Flüssigkeit:

gebräuchlichste Füllung (Abbildung):

LF 3.2

Süßspeisen

Süßspeisen sind in Ihrem Café eine beliebte Köstlichkeit als Dessert oder als Nachspeise. Sie informieren sich über die Zusammensetzung und Herstellung von Bayerischer Creme und Mousse.

1 Bayerische Creme und Mousse sind Sahnecremes mit verschiedenen Geschmacksrichtungen. Tragen Sie die Hauptzutaten in den Rezepturen ein. Erklären Sie diese Süßspeisen den Gästen im Café anhand der Rezepturen.

Bayerische Creme

500 g ______
100 g ______ (5 Stück)
120 g ______
Prise Salz (ca. 2 g)
Vanillearoma
} auf 85 °C erhitzen

6 Blätter ______ – einweichen und in in die heiße Vanillecreme rühren

Die Vanillecreme auf 20 bis 25 °C abkühlen lassen

500 g ______ – aufschlagen und in die abgekühlte Vanillecreme rühren

Eine geschmackgebende Zutat in die heiße Milchmasse rühren, z. B.

- 150 g Kuvertüre
- 80 g Likör z. B. Grand Marnier (Orangenlikör)
- 30 g Kaffee- oder Espressopulver
- 300 g Fruchtmark, z. B. Erdbeeren

Erklärung: Bayerische Creme besteht aus

______
______
______
______
______
______

Mousse au Chocolat (Schokoladenmousse)

100 g ______ (2 Stück)
40 g ______ (2 Stück)
50 g ______
} Eier, Eigelbe und Zucker schaumig rühren

2 Blätter ______ – flüssig
200 g ______ – flüssig
30 g Cognac

Die Zutaten in die schaumige Eiermasse rühren.

400 g ______ aufschlagen und zum Schluss in die Masse heben.

Mousse mit anderen Geschmackszutaten:
Bei Erdbeer-Mousse wird statt Schokolade 250 g ______ verwendet.

Auch andere Früchte sind möglich.

Vanille-, Kaffee-, Eierlikörmousse u. a. enthalten die entsprechenden Geschmackszutaten.

Erklärung: Mousse besteht aus

______
______
______
______

Mousse au Chocolat enthält als Geschmackszutat

______

2 Beschreiben Sie, wie Bayerische Creme und Mousse hergerichtet und vor dem Servieren ausgarniert werden. Ergänzen Sie den Text mithilfe der Abbildung.

Die Süßspeisen werden nach der Herstellung in dekorative ______ oder ______ gegeben und in den ______ gestellt.

Nach dem Festwerden werden sie mit ______ und ______ ausgarniert und serviert. Gekühlte Mousse kann auch wie in der Abbildung oben dekorativ auf einem ______ angerichtet werden.

Name:	Klasse:	Datum:

Süßspeisen, süße Soßen

Beim Stadtfest backen Sie vor dem Laden Crêpes und Palatschinken. Damit Sie eine große Auswahl an Füllungen anbieten können, richten Sie sich dafür verschiedene süße Soßen her. Sie sollen auch Rote Grütze als Süßspeise für das Fest herstellen.

1 Rote Grütze ist eine Fruchtcreme, die zu den Süßspeisen gehört.
Vervollständigen Sie das Rezept für die Rote Grütze.

250 g ______, z. B. Kirschsaft
200 g Zucker
50 g ______
} Unter ständigem Rühren kochen, bis der Saft zu einer Fruchtcreme gebunden ist.

rote Früchte:
300 g ______ 300 g ______ (halbieren)
300 g ______ 300 g ______ (stückeln)
} Früchte in die gekochte Fruchtcreme einrühren.

2 Erklären Sie Rote Grütze bei der Kundenberatung.

LF 3.2

3 Vanillesoße und Schokoladensoße sind fließfähige gekochte Cremes.
Ergänzen Sie die Rezeptur der Vanillesoße und geben Sie die zusätzliche Zutat für Schokoladensoße an.
Unterscheiden Sie die Rezeptur der Vanillesoße mit der Vanillecreme, indem Sie die Sätze ergänzen.

Vanillesoße:
1000 g ______
200 g Zucker
80 g Eigelb (4 Stück)
30 g ______
Aroma: ______
zusätzlich in **Schokoladensoße:**
40 g ______

Herstellung:
Die Zutaten unter ständigem Rühren ______.

Unterschied der Rezeptur von Vanillesoße und Vanillecreme:
Vanillesoße enthält nur ca. 1/3 der Menge an ______
und wird deshalb nur leicht ______.
Vanillesoße ist deshalb ______.

Verwendungsbeispiele:

Vanillesoße als Ergänzung zu • ______ • ______

Vanillesoße und Schokoladensoße als Füllung für

______ und ______ ; Soßen für ______.

4 Benennen Sie die Zutaten einer Erdbeersoße und beschreiben Sie die Herstellung. Die Erdbeersoße dient als Beispiel für alle anderen Fruchtsoßen.

Erdbeersoße	Herstellung
1000 g ______ 150 g ______ etwas ______	

Marzipanrohmasse, Persipanrohmasse

Eine Kundin, die selbst gerne backt, möchte wissen, ob es Unterschiede zwischen der Marzipanrohmasse und der Persipanrohmasse gebe, obwohl sie identisch aussehen.

1 Geben Sie an, woraus Marzipanrohmasse und Persipanrohmasse bestehen.

Marzipanrohmasse

Persipanrohmasse

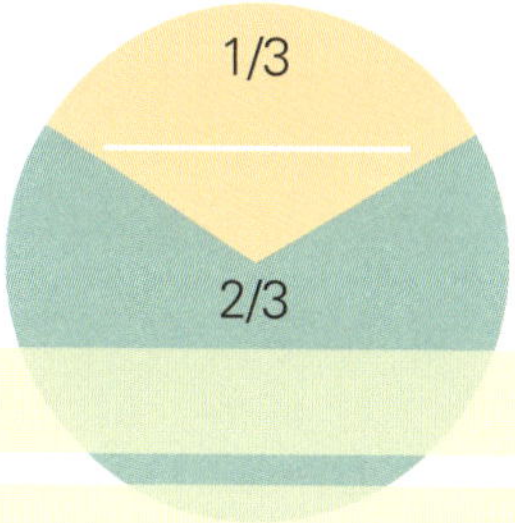

2 Unterstreichen oder markieren Sie im folgenden Text die wichtigsten Informationen über Persipanrohmasse:

Bittere Mandeln sowie Aprikosen- und Pfirsichkerne enthalten den Bitterstoff Amygdalin, der nicht nur ungenießbar bitter schmeckt, sondern im Körper zur giftigen Blausäure wird. Aus diesen Kernen wird der Bitterstoff entfernt, sodass sie ähnlich wie süße Mandeln schmecken. Trotzdem ist bei Persipanrohmasse ein leicht herbbitterer Geschmack erkennbar. Persipanrohmasse wird deshalb als preiswerter Ersatz für Marzipanrohmasse verwendet. Sie darf deshalb in den Waren von den Verbrauchern nicht mit Marzipanrohmasse verwechselt werden. Wird Persipanrohmasse verwendet, muss sie deklariert werden, z. B. Persipanstollen, Persipanmakronen.

3 Erklären Sie den Geschmack von

Marzipanrohmasse:

Persipanrohmasse:

4 Nennen Sie Verwendungsbeispiele der Marzipanrohmasse.

Marzipanerzeugnisse:

Mandel- oder Marzipangebäcke:

Zugabe in Teigen, Massen und Füllungen zur Gebäckverbesserung:

5 Beschreiben Sie, wie Marzipan- und Persipanrohmasse gelagert werden.

wegen des Fettanteils der Mandeln und Kerne:

damit sie nicht austrocknen:

6 Beschreiben Sie die Abnahme der Marzipanrohmasse vom Block.

restliche Marzipanrohmasse:

Name:	Klasse:	Datum:

Marzipan

Zum Kindergeburtstag empfehlen Sie verschiedene lustige Marzipanfiguren. Sie erklären bei der Beratung, dass in Ihrer Bäckerei/Konditorei nur hochwertiges Marzipan zu Marzipanfiguren modelliert und anschließend geschminkt wird.

1 Geben Sie die Zutaten nach den Bestimmungen der Leitsätze an, aus denen Marzipan hergestellt wird.

auf 1 Teil ______ bis zu 1 Teil ______

Zugaben, damit Marzipan nicht so schnell austrocknet:
Erlaubte Menge auf das gesamte Marzipangewicht:

bis zu 3,5 % ______ oder 5 % ______

2 Geben Sie jeweils die Gewichtsanteile an, damit die Bestimmungen der Leitsätze erfüllt sind.

- 4300 g Marzipanrohmasse und 3,5 % Glukosesirup höchstens ______ g Puderzucker und ______ g Glukosesirup ⟶ ______ g Marzipangewicht
- 4300 g Marzipanrohmasse und 1500 g Puderzucker ⟶ höchstens ______ g Glukosesirup ______ g Marzipangewicht

LF 3.2

3 Erläutern Sie die Auswirkungen der folgenden Puderzuckermengen im Marzipan.

	Beschaffenheit	Geschmack des Marzipans
1 : 1-Marzipan		
1 : 0,3-Marzipan		

Je weniger Puderzucker Marzipan enthält, desto ______.

4 Benennen und erklären Sie die abgebildeten hochwertigen Marzipanerzeugnisse.

Name: ______

Typisches Merkmal: ______

Erklären Sie Lübecker Marzipan, indem Sie folgenden Satz ergänzen:
Lübecker Marzipan ist hochwertiges Marzipan mit geringem ______. Lübecker Marzipan ist eine geschützte ______. Die Marzipanerzeugnisse müssen aus ______ stammen.

5 Geben Sie folgende Fachbegriffe an:

Das Formen von Marzipan zu Rosen und Figuren:

______

Das Färben der Oberfläche der Marzipanrosen und Marzipanfiguren mit Lebensmittelfarben:

______

Nugatmassen (Nougatmassen)

Bei der betriebsinternen Fortbildung soll jeder Betriebsangehöriger über ein fachliches Thema referieren. Sie informieren über die Nugatcreme als Frühstücksbeilage im Café und über die Nugatmasse als Füllung für Mürbeteiggebäcke.

1 Tragen Sie mithilfe der Abbildung die Zutaten der Nugatmassen ein, die den Geschmack und die Farbe bestimmen.

Hauptzutaten		Weitere Zutaten
__________ und/oder __________ __________ höchstens ____ % der gesamten Masse		mögliche Kakaoerzeugnisse: • __________ • __________ • __________

Bezeichnung der Nugatmasse bei Nüssen und Kakaopulver bzw. Schokolade als Zutaten:

Geschmack:

Farbe:

Bezeichnung der Nugatmasse bei Mandeln und Kakaobutter als Zutaten:

Geschmack:

Farbe:

2 Nennen Sie Beispiele, wofür Nugatmassen in der Bäckerei/Konditorei verwendet werden.

- als Füllung:
- kleine, feine Konditoreierzeugnisse:

3 Erklären Sie Nusspaste bezüglich der Zutaten im Gegensatz zu den Nugatmassen. Nusspaste besteht aus

Verwendung als Geschmacksstoff für

4 Tragen Sie die Zutaten der Nussnugatcreme ein, wie sie von der Industrie z. B. als Aufstrichmasse für Brötchen angeboten wird.

Nugatcreme		
mindestens 10 % ________	höchstens 67 % ________	zusätzlich pflanzliches ________

Erklären Sie Nussnugatcreme im Vergleich zur Nussnugatmasse.

Nussnugatcreme enthält weniger ________, aber mehr ________ und zusätzlich ________.

Beschaffenheit der Nussnugatcreme:

Name:	Klasse:	Datum:

LF 3.2

Karamell, Krokant

Bei einer Aktion zu Ostern zeigt ein Konditor an einem Stand in Ihrer Konditorei das Herstellen von Krokant und die Verarbeitung zu Krokanteiern und Krokantpralinen. Eine Kundin schaut interessiert zu und fragt Sie nach dem Unterschied zwischen Krokant und Karamell.

1 Der Zucker verändert sich bei zunehmender Temperatur. Tragen Sie die Begriffe der abgebildeten Zuckerstufen ein.

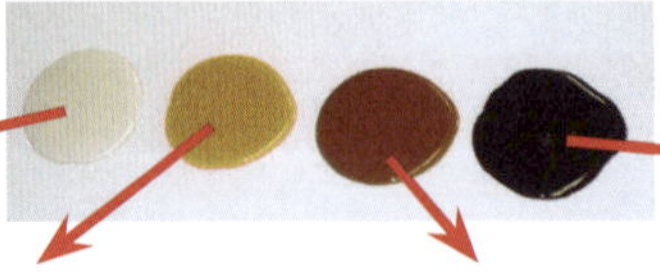

bei ca. 120 °C

bei ca. 150 °C

bei ca. 180 °C

bei ca. 200 °C

Beschreiben Sie, wie sich Zucker beim Erhitzen bei zunehmender Temperatur verändert.

heißer Zucker:

bei höherer Temperatur:

Geschmack von gebräuntem Zucker:

2 Beschreiben Sie anhand der Abbildungen die Herstellung von Krokant.

Die Bezeichnung des Krokants mit • Mandeln: • Nüssen:

3 Erklären Sie den Begriff „Hartkrokant". Nennen Sie Beispiele, wofür Krokant verwendet wird:

Krokant ist nach dem Abkühlen

4 Benennen und beschreiben Sie das abgebildete Krokanterzeugnis auf der ringförmigen Torte.

Bezeichnung:

Herstellung:

überwiegende Verwendung:

LF 3.2

Kakaoerzeugnisse

Im Fachunterricht in der Berufsschule sollen Sie ein Referat über die Kakaopflanze, die Gewinnung der Kakaomasse und deren weitere Verarbeitung halten, da die Kakaomasse das Ausgangsprodukt aller Kakaoerzeugnisse ist.

1 Tragen Sie in die Textlücken die Nummern der passenden Textteile ein, sodass ein zusammenhängender Text über die Kakaofrüchte und die Zubereitung der Samenkerne zu Kakaobohnen entsteht.

Die Kakaobäume ( ) in Ländern am Äquator. Die 15 bis 25 cm ( ) wachsen direkt am Stamm der Kakaobäume. In einer Kakaofrucht befinden sich im Fruchtfleisch bis zu 50 ( ). Die Samenkerne werden bei ca. 50 °C ( ). Bei der Fermentation erfolgt in den Samenkernen der Nährstoffabbau durch Enzyme, die sich ( ). Nach dem Fermentieren werden die ( ) und somit haltbar und transportfähig gemacht. In den Schokoladenfabriken werden die Kakaobohnen ( ). Die Kakaobohnen erhalten dabei die endgültige ( ).

1 kakaobraune Farbe und das vollständige Kakaoaroma
2 zu braunen Kakaobohnen färben, in denen Aromastoffe entstehen
3 Kakaobohnen getrocknet
4 länglichen Kakaofrüchte
5 weißlich gelbe, mandelförmige Samenkerne
6 bei 120 bis 130 °C geröstet
7 fermentiert
8 wachsen bei feuchtheißem Klima

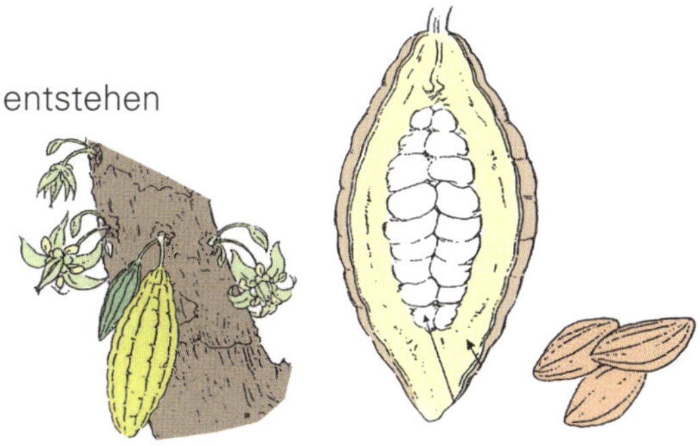

LF 3.2

2 Nach dem Zerkleinern und Walzen der Kakaobohnen entsteht die Kakaomasse, die Basis aller Kakaoerzeugnisse. Ergänzen Sie die wichtigsten Inhaltsstoffe der Kakaomasse.

energiereiche Nährstoffe: 54 % ______ 12 % ______ 7 % ______	wichtige, gesunde Nährstoffe: 9 % ______ 3 % ______ und ______
Bitterstoffe: 6 % ______	stimuliert leicht das Nervensystem: 1,2 % ______

3 In der Kakaopresse wird die erwärmte Kakaomasse unter hohem Druck gepresst. Nennen Sie die zwei Kakaoerzeugnisse, die dabei entstehen.

-
-

Kakaopulverarten: Bestandteile	Bezeichnung des Kakaopulvers
mindestens 20 % Kakaobutter	______
weniger als 20 % Kakaobutter	______ oder ______
Mischung von Kakaopulver und Zucker; mindestens 25 % Kakaopulver	______

Name:	Klasse:	Datum:

Schokolade

In der Konditorei werden Pralinen aus verschiedenen Schokoladen angeboten. Sie erklären einer neuen Auszubildenden die Schokoladenarten, die sich farblich und auch geschmacklich unterscheiden, sowie den Unterschied zwischen Kuvertüre und Schokolade.

1 Tragen Sie die Bestandteile, aus denen Schokolade und Schokoladenkuvertüre bestehen, ein und füllen Sie die Lücken im Text. Schokoladenkuvertüre wird in der Praxis kurz als Kuvertüre bezeichnet.

Bestandteile der Schokolade und Schokoladenkuvertüre	Unterschied zwischen Schokolade und Schokoladenkuvertüre
• ______ • ______ • ______ Schokolade: mindestens 18 % Kakaobutter, Schokoladenkuvertüre mindestens 31 % Kakaobutter	Schokoladenkuvertüre enthält mehr ______ als Schokolade. Deshalb ist Kuvertüre ______ und eignet sich besser zum ______ der Waren.

Erlaubt ist die Zugabe anderer ______, bis ______ %, bezogen auf das Gesamtgewicht der Schokolade bzw. Kuvertüre. Die Zugabe der kakaofremden Fette muss auf der Schokoladenverpackung wie folgt deutlich ______ werden: „enthält neben ______".

LF 3.2

2 Erklären Sie die wertvolle Kakaobutter und deren Besonderheiten.

Farbe: ______ Festigkeit bei Raumtemperatur: ______ Deshalb ist die Schokolade bei Raumtemperatur ______. Schmelzbereich (Temperatur, bei der sie flüssig wird): ______. Auswirkung des niederen Schmelzbereichs auf die Schokolade beim Essen: ______

3 Benennen Sie die abgebildeten Kuvertüren bzw. Schokoladen von links nach rechts und geben Sie deren Farbe und Geschmacksrichtung an. Die untenstehenden Sätze beschreiben deren Zusammensetzungen. Tragen Sie in die Kästchen rechts jeweils die Zahl des Satzes ein, der die Kuvertüren bzw. Schokoladen unten beschreibt.

- Bezeichung: ______ ☐

  Farbe: ______ Geschmack: ______

  Je höher der Kakaoanteil, desto ______ der Geschmack.

- Bezeichung: ______ ☐

  Farbe: ______ Geschmack: ______

- Bezeichung: ______ ☐

  Farbe: ______ Geschmack: ______

1 Sie enthält Milchpulver, weniger Kakao, dafür einen höheren Anteil an Kakaobutter.

2 Sie besteht aus Kakaobutter, Milchpulver und einem höheren Zuckeranteil, enthält jedoch keinen Kakao.

3 Sie enthält viel bitter schmeckenden Kakao, Kakaobutter und einen geringeren Zuckeranteil.

Schokolade, Fettglasur

Ihre Kollegin räumt vor Ladenschluss die Backwaren aus dem Schaufenster und stellt fest, dass die Kuvertüre auf den Waren mit grauen Streifen durchzogen ist, während die Fettglasur auf den Waren einwandfrei glänzt. Sie erklären ihr, dass die Ursachen die unterschiedlichen Fette in der Kuvertüre und Fettglasur sind.

1 Erklären Sie das Temperieren der Kuvertüre. Füllen Sie die Lücken der Sätze mithilfe der Wörter und Wortteile aus. Geben Sie auch die Gradzahlen der temperierten Kuvertüre an.

BINDEN – BUTTER – BUTTER – ER – GLANZ – HART – KAKAO – KAKAO – KAKAO – RÜHREN – TER – UM – VER – WÄRMT – ZUCKER

- Die feste Kuvertüre wird ________ und aufgelöst (nicht erhitzt).
- Die flüssige Kuvertüre wird auf ________ temperiert.

  Bei dieser Temperatur verändern sich die unterschiedlich großen Kristalle der ________ zu kleinen gleichmäßigen Kristallen.
- Durch gründliches ________ der temperierten Kuvertüre ________ sich die kleinen Kristalle der ________ mit dem ________ und ________ zu einer Einheit.
- Dadurch wird die Kuvertüre beim Abkühlen auf den Waren ________ und bekommt einen schönen ________ .

2 Nennen Sie den in der Abbildung ersichtlichen Kuvertürefehler auf den Waren und seine möglichen Ursachen.

Kuvertürefehler: ________ Erkennung: ________

Ursache Verarbeitung: ________

Ursache Lagerung: ________

3 Tragen Sie die Bestandteile der Fettglasur ein und erläutern Sie den Unterschied zur Kuvertüre.

Bestandteile der Fettglasur	Unterschied: Fettglasur – Kuvertüren
•	
•	
•	

4 Beschreiben Sie die typischen Merkmale der Fettglasur.

Qualität gegenüber Kuvertüre: ________

Vorteil auf dem Gebäck: ________

Vorschriften beim Verkauf von Waren, die mit Fettglasur überzogen sind:

Name:	Klasse:	Datum:

Pralinen

Ihr Betrieb wirbt mit hochwertigen Pralinen. Um den Kunden die Auswahl zu erleichtern, beschreiben Sie die Zusammensetzung der verschiedenen Pralinensorten auf Werbeplakaten.

1 Definieren Sie den Begriff Pralinen nach den gesetzlichen Bestimmungen der Kakaoverordnung.

2 Geben Sie den Namen und die Zutaten der abgebildeten Pralinen an.

Pralinenname:

Zutaten:
-
-

3 Tragen Sie die Namen der Pralinensorten ein, die nach ihren Hauptbestandteilen benannt werden.

4 Benennen Sie die folgende Pralinensorte, die häufig in der Konditorei angeboten wird. Geben Sie auch die Zutaten der Füllung an und beschreiben Sie die Herstellung.

Pralinenname:

Zutaten der Trüffelmasse:
- 1 Teil
- ca. 2 Teile
- geschmackgebende Zutaten, die den Pralinen den Namen geben, z. B.

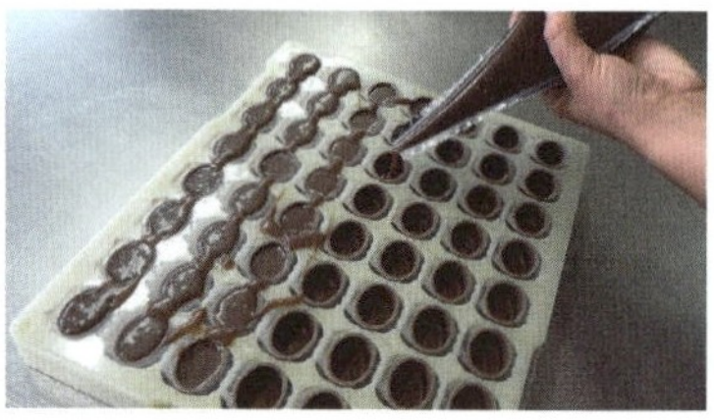

Herstellung:

5 Erklären Sie die Zusammensetzung von Likörpralinen.

6 Wegen des hohen Schokoladenanteils und der Füllungen erfordern Pralinen bestimmte Lagerbedingungen, wie sie in Pralinenvitrinen gegeben sind, nicht im Kühlschrank. Beschreiben Sie diese.

-
-
-

Speiseeissorten

Für das Café sollen Sie eine Speiseeiskarte zusammenstellen. Sie benennen die Speiseeissorten wie sie in den Bestimmungen der Leitsätze vorgegeben sind. Als Information für die Gäste geben Sie die vorgeschriebenen Mindestanforderungen der Speiseeissorten an.

1 Erklären Sie, was als Speiseeis nach den Bestimmungen der Leitsätze bezeichnet wird. Ergänzen Sie die Lücken im Text.

Für Speiseeis werden die Zutaten bei der Herstellung ______________ . Speiseeis wird im gefrorenen Zustand ______________ und so von Verbrauchern ______________ .

2 Einige Eissorten werden in der Konditorei und in Eisdielen hergestellt. Nennen Sie diese Speiseeissorten und deren Mindestanforderungen, die in den Bestimmungen der Leitsätze beschrieben sind.

Speiseeissorten, in der Konditorei und Eisdiele hergestellt	Mindestanforderungen, bezogen auf das Gewicht des gesamten Speiseeises
Hauptrohstoff Milcherzeugnisse: ______________	enthält mindestens ____ % ______________ . Statt Milch können auch gesäuerte Milcherzeugnisse verwendet werden, die dem Eis den Namen geben, wie ______________ , ______________ oder ______________ .
Eis mit Obst: ______________	enthält mindestens ____ % ______________ . Fruchteis aus Zitrusfrüchten oder sauren Früchten mit mindestens 2,5 % Zitronensäuregehalt enthält mindestens ____ % ______________ , z. B. Zitronensaft.
______________ (auch von der Eisindustrie hergestellt)	enthält mindestens ____ % ______________ ; ____ % bei ______________ Früchten. ______________ und Milcherzeugnisse dürfen nicht enthalten sein.
Eis mit Eiern: ______________	enthält mindestens ____ % ______________ . Auf 1 l Milch müssen mindestens ____ g ______________ oder ____ g ______________ zugegeben werden.
Eis aus dem Rahm der Milch: ______________ oder ______________	enthält mindestens ____ % ______________ . Das Eis ist aufgeschlagene ______________ (Rahm), die in Formen gefroren wird.

3 Nennen Sie die Speiseeissorten, die von der Eisindustrie hergestellt werden, und deren Mindestanforderungen, die in den Bestimmungen der Leitsätze beschrieben sind.

Speiseeissorten, von der Eisindustrie hergestellt	Mindestanforderungen, bezogen auf das Gewicht des gesamten Speiseeises
______________	enthält mindestens ____ % ______________ .
______________	enthält mindestens ____ % ______________ und einen deutlich wahrnehmbaren ______________ .

Name:	Klasse:	Datum:

LF 3.2

Speiseeis

Zur Qualitätskontrolle des Speiseeises testet das Verkaufspersonal in Ihrer Konditorei die einzelnen Speiseeissorten und vergleicht die Ergebnisse mit den im Fachbuch beschriebenen Qualitätsmerkmalen. Außerdem wird der hygienische Umgang mit Speiseeis überprüft.

1 Beschreiben Sie die Qualitätsmerkmale von gutem Speiseeis.

Beschaffenheit: ___

___

Schmelz beim Verzehr: ___

Geschmack:
- ___
- ___

nach dem das Eis benannt ist, z. B. Schokolade, Erdbeeren

2 Nennen Sie die optimalen Lagertemperaturen für Eis.

Temperatur in der Eistheke: ___ °C   Für Industrieeis: ___ °C

Positive Auswirkungen dieser Temperatur auf das Speiseeis:
- ___
- ___

LF 3.2

3 Zeichnen Sie Pfeile von häufigen Speiseeismängeln zu den entsprechenden Ursachen im Verkauf.

zu festes Eis mit hartem Schmelz	zu hohe (zu warme) Temperatur in der Eistheke
zu weiches Eis, das sofort nach dem Portionieren schmilzt	Temperaturschwankungen mit etwas wärmeren Phasen bei der Eislagerung oder in der Eistheke
harte Eiskristalle im Eis	zu niedrige (zu kalte) Temperatur in der Eistheke

4 Erklären Sie, warum beim Umgang mit Speiseeis besonders auf Sauberkeit geachtet werden muss. Ergänzen Sie dabei den Lückentext mithilfe der Silben und Wortteile.

ARBEITS – GEFROREN – GEHALT – HÄNDE – HEITEN – KEIT – KLEIDUNG – KRANK – MEHREN – MIKRO – NÄHR – NISMEN – ORGA – SAUBER – STARK – STOFFEN – TÜCHER – UN – VER – VERKAUFT – WASSER – WISCH

Speiseeis mit den vielen ___ und dem hohen ___ ist ein idealer Nährboden für ___ . Durch ___ bei der Eisherstellung gelangen viele gesundheitsschädliche Mikroorganismen in den flüssigen Eismix, z. B. durch unsaubere ___ , ___ und ___ beim Reinigen der Arbeitsgeräte. Die Mikroorganismen ___ sich vor dem Gefrieren sehr ___ und überleben auch die Gefrierzeit im Eis, sodass sie beim Eisverzehr ___ verursachen. Deshalb darf auch aufgetautes Eis nicht wieder ___ und ___ werden.

Eisspezialitäten

In den Sommermonaten bietet Ihr Café Eisspezialitäten aus Sahneeis an. Es ist das einzige Speiseeis, das nicht in der Eismaschine hergestellt wird. Einem Gast sollen Sie die Fürst-Pückler-Eistorte erklären, die in der Speiseeiskarte mit Parfait angeboten wird.

1 Benennen Sie die abgebildeten Eisspezialitäten.

2 Eisspezialitäten werden hauptsächlich mit Sahneeis hergestellt.

Beschreiben Sie die Herstellung von Sahneeis.

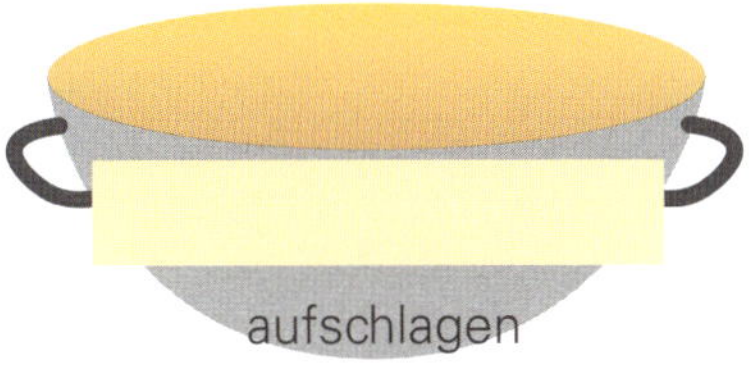

↑

z. B. flüssige Kuvertüre, Fruchtmark, Spirituose in die Schlagsahne rühren.

↓

Schlagsahne

↓

und

Meistens wird Parfait (sprich: Parfä) hergestellt, ein qualitätsverbessertes Sahneeis.
Beschreiben Sie die Herstellung des Parfaits.

und/oder
mit schaumig schlagen.

↑

,
z. B. flüssige Kuvertüre, Fruchtmark, Spirituose, in die Eiermasse rühren.

↑

Aufgeschlagene
in die Eiermasse heben (melieren).

↓

Parfait

↓

und

3 Erklären Sie die Fürst-Pückler-Eistorte, bei der die drei Schichten Sahneeis farblich und geschmacklich von unten nach oben festgelegt sind.

oben:		Geschmack:	
Mitte:		Geschmack:	
unten:		Geschmack:	

4 Beschreiben Sie, wie die Eisspezialitäten nach dem Tiefgefrieren und Herausnehmen aus den Formen fertiggestellt werden.

Name:	Klasse:	Datum:

LF 3.2

Eisbecher

Während eines Seminars zur Herstellung von Eisbechern sollen Sie als Lernzielkontrolle einen Eisbecher zubereiten, der lecker aussieht, sodass sich der Gast beim Servieren darauf freut.

1 Beschreiben Sie schrittweise, wie Eisbecher häufig hergerichtet werden.

- Eisbecher (Gläser) vorbereiten:
- Den Eisbecher optisch erhöhen (vergrößern):
- Hauptbestandteil des Eisbechers einfüllen:
- Geschmackliche und optische Zugabe:
- Abschluss des Eisbechers dekorieren:
- Farbkontrast zur Schlagsahne hinzufügen:
- Früchtebecher geschmacklich und optisch verschönern:
- Feine, knusprige Eisgebäcke dazugeben:

2 Erklären Sie, wie Eisbecher serviert werden.

3 Gäste wählen die Eisbecher nach ihrer Zusammensetzung und der Abbildung in der Eiskarte aus. Was erwarten die Gäste von den bestellten Eisbechern?

4 Beschreiben Sie die Zusammensetzung folgender klassischer (traditioneller) Eisbecher:

Bananensplit:

-
-
-

Vanilleeis mit heißen Himbeeren:

-
-
- evtl.
-

Toastvariationen, Suppen

Ein Gast im Café bestellt Toast Hawaii, ein anderer eine Zwiebelsuppe. Sie werden beauftragt, diese kleinen Gerichte in der Café-Küche zuzubereiten.

1 Beschreiben Sie die Herstellungen von Toast, indem Sie die Sätze vollenden. (Ä = Ä, Ö = Ö, Ü = Ü)

Toastbrotscheiben für Toasts werden an der Oberfläche leicht …

Beim Toasten wird eine dünne äußere Schicht der Toastbrotscheiben …

Innen bleiben die Toastbrotscheiben zart und …

Grundsätzlich kommt oben auf den Belag …

Toasts werden nach dem Belegen bei hoher Backhitze …

Wenn die Toasts fertig sind, ist der Käse über dem Belag …

2 Erklären Sie Toasts, die im Café als kleine Speisen serviert werden.

Belagbeispiele:

LF 3.3

3 Nennen Sie die abgebildete Toastart und beschreiben Sie die dargestellten Herstellungsschritte.

Toastname:

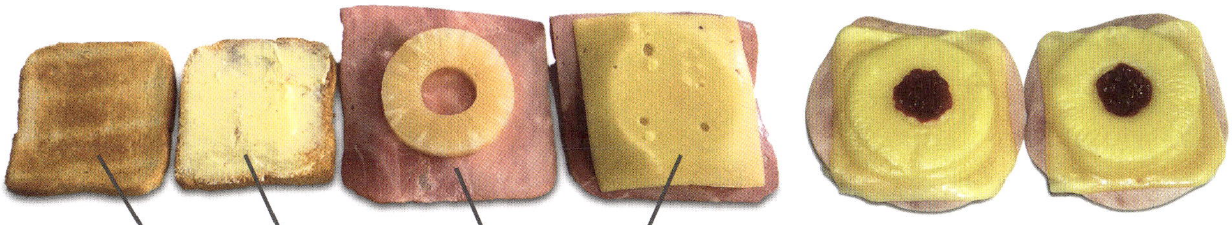

Beläge

Fertigstellung des Toasts:

-
-
-

-
-
-

4 Nennen Sie Suppen, die für das Speisenangebot eines Bäckerei- und Konditorei-Cafés passen.

Schreiben Sie auf einem gesonderten Blatt, aus welchen Hauptzutaten diese Suppen hergestellt werden.

Name:	Klasse:	Datum:

Teigwaren, Nudelgerichte

Sie arbeiten in der Café-Küche mit und sollen verschiedene Nudelgerichte auf Vorrat herstellen, die dann bei Bedarf im Mikrowellengerät vor dem Servieren erhitzt werden.

1 Teigwaren werden auch als bezeichnet.

Zählen Sie mithilfe der Abbildung verschiedene Teigwaren auf.

2 Tragen Sie in das Rezeptbeispiel die Zutaten ein, aus denen Nudeln hergestellt werden, und vervollständigen Sie die Sätze daneben.

1000 g

500 g

80 g

10 g

Hartweizen ist ein besonders Weizen. Er wird zu Hartweizengrieß vermahlen; Grieß ist mit körnigen .

Durch Hartweizengrieß bleiben die Nudeln nach dem Kochen .

3 Benennen Sie die folgenden speziellen Teigwaren.

Gefüllt mit Fleisch, Käse oder Gemüse:

-
-

Gefüllt mit Spinat und Hackfleisch:

In einer Auflaufform mit Hackfleisch, Gemüse, Tomaten- und Béchamelsoße (hauptsächlich Milch und Kalbsbrühe) sowie Käse:

-
-

4 Beschreiben Sie das Kochen der Nudeln.

- (ca. 5 l auf 1 kg Nudeln)
- (ca. 10 g auf 1 l Wasser)
-

Nudeln werden „al dente" gekocht. Erläutern Sie, was das bedeutet.

Wie erhalten die im Sieb abgetropften Nudeln vor dem Servieren einen volleren, besseren Geschmack?

5 Erklären Sie das abgebildete bekannte Nudelgericht.

Name:

Soße:

Teigspeisen

In der Berufsschule stellen Sie Pizzas und Quiche Lorraine her, damit Sie diese kleinen Gerichte den Gästen im Café genau erklären können. Zur Vertiefung des Wissens notieren Sie sich die wichtigsten Zutaten.

1 Tragen Sie die Zutaten in das Rezeptbeispiel für Pizzateig ein und beschreiben Sie die Herstellung.

Rezeptbeispiel	Herstellung
1000 g ______	• Teiggewicht je Pizza: ______
500 g ______	• glatte Oberfläche der Teiglinge: ______
30 g ______	• Zeit zum Entspannen der Teiglinge: ______
15 g ______	• Verarbeitung nach der Teigruhe: ______
80 g ______	
Verarbeitung der Zutaten: ______	• Bearbeitung des Teigs auf dem Blech: ______

2 Geben Sie den Namen einer Pizza Ihrer Wahl an und nennen Sie die Zutaten für den Belag.

Name der Pizza: ______

- grundsätzliche Auflage: ______
- Würzstoffe: ______
- weitere Auflagen: ______
- obere Auflage: ______

3 Bei wie viel °C werden Pizzas gebacken und in welchem Zustand werden sie serviert?

Backtemperatur: ______ °C Servieren: ______

4 Quiches sind pikante Gebäcke, die stückweise in niedriger Tortenform oder als kleine Törtchen verkauft werden.

Benennen Sie den Namen des Teigs für Quiches anhand der Rezeptur.

______

1 000 g	Weizenmehl, Type 550
500 g	Butter
150 g	Wasser
10 g	Backpulver
15 g	Salz
	Paprika, Pfeffer

Zutaten für den Belag auf allen Quiches sind:

- ______
- ______

Die verschiedenen Quiches enthalten im Belag noch zusätzlich geschmacksbestimmende Zutaten.
Geben Sie die geschmacksbestimmenden Zutaten einer Quiche Lorraine an.

______

5 Wie werden Quiches serviert, damit sie am besten schmecken? Abgekühlte Quiches vor dem Essen

______

Name:	Klasse:	Datum:

LF 3.3

Eierspeisen

In der Café-Küche sollen Sie Frühstückseier kochen. Sie kochen gleich die Eier als Zugabe für Salatteller und zum Belegen von Snacks mit. Zudem richten Sie die Zutaten für Pfannkuchen her, damit Sie diese bei einer Bestellung schnell backen können.

1 Erklären Sie mithilfe der Abbildungen die Arbeitsschritte beim Kochen von Eiern.

Arbeitsschritte	Begründung
• Die Eier ______	• ______
• Die Eier ______	• ______
• Die Eier ______	• ______
• Die Eier ______	• ______

LF 3.3

2 Geben Sie die Kochzeiten folgender Eier an:

weiche Frühstückseier:	hart gekochte Eier für Salate:	schnittfeste Eier für belegte Snacks:

3 Benennen Sie die abgebildete Eierspeise und tragen Sie die Zutaten in die Rezeptur der Masse ein.

Name: ______

Rezeptur	Backen
250 g ______	Die Eiermasse ______
150 g ______	in eine ______
100 g ______	gießen und ______
20 g Zucker, 2 g Salz (1 Prise)	______ hellbraun backen.

4 Erklären Sie folgende Eierspeisen:

Palatschinken sind kleine ______ . Crêpes sind ______ Pfannkuchen, die nach dem Füllen zusammengelegt oder zusammengerollt werden. Beispiele von Füllungen:

______

______

Kaffee

Um den Gästen die gute Qualität der Kaffeegetränke in Ihrem Café näherzubringen, sollen Sie für die Getränkekarte einen Informationstext über die Kaffeebohnen und deren Inhaltsstoffe formulieren.

1 Tragen Sie die Lösungen der Aufgaben in die Kästchen ein. (Ä = Ä, Ö = Ö, Ü = Ü)

1. Kaffee wird angebaut in den tropischen Gebieten der Länder rund um den …
2. Welchen Steinfrüchten sind die reifen Früchte der Kaffeepflanzen äußerlich ähnlich?
3. In den Kaffeefrüchten befinden sich jeweils zwei helle Samenkerne. Sie werden bezeichnet als …
4. Wie heißt der Vorgang, bei dem die hellen Samenkerne die braune Farbe und das Kaffeearoma erhalten?
5. Die Kaffeebohnensorte, die im Hochland geerntet wird und ein besonders gutes Kaffeearoma ergibt, heißt …
6. Wie heißt die Kaffeebohnensorte, die einen etwas bitteren und kräftigeren Kaffeegeschmack ergibt?

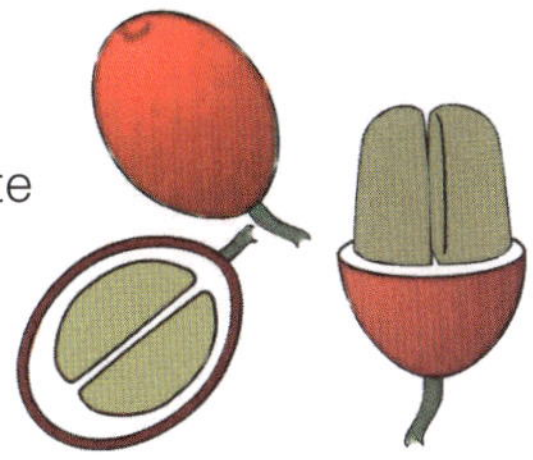

1.
2.
3.
4.
5.
6.

2 Erklären Sie den Unterschied der Espressobohnen gegenüber Kaffeebohnen.

Röstung: ______ Geschmack: ______

3 Welchen Kaffee empfehlen Sie Gästen mit Herzproblemen und Bluthochdruck?

verträglicher Kaffee: ______

Begründung: ______

4 Benennen Sie die Inhaltsstoffe der Kaffeebohnen und beschreiben Sie deren Wirkungen beim Kaffeetrinken auf den Körper, indem Sie folgende Wörter und Wortteile in den Text einfügen.

ätherische – Aroma – beschwerden – Blut – druck – fähiger – Geruch – Geschmack – Herz – Koffein – leistungs – Magen – Nerven – Öle – riechen – Säuren – schmecken – system – tätigkeit – Verdauung – verflüchtigen

Inhaltsstoffe des Kaffees	Wirkungen
Kaffee enthält 1,5 bis 2 % ______ .	• Es wirkt in kurzer Zeit auf den Körper und steigert die ______ ______ und erhöht somit den ______ . • Auch das zentrale ______ wird angeregt. Der Körper und das Gehirn werden dadurch ______ .
Im Kaffee befinden sich ca. 3,5 % ______ ______ .	• Sie regen die Verdauungssäfte an und fördern somit die ______ . • Es wird auch mehr Salzsäure im Magen gebildet, die bei empfindlichen Menschen zu ______ führen kann.
Kaffee enthält ca. 12,5 % ______ ______ .	• Sie geben den Kaffeegetränken das hauptsächliche ______ , d. h. den ______ und ______ . • Diese Öle ______ sich aus den Kaffeegetränken, die dadurch intensiv ______ und ______ .

Name:	Klasse:	Datum:

LF 3.4

Kaffee- und Espressoherstellung

In Ihrem Café bekommen Sie einen neuen Kaffeevollautomat. Die Firma erläutert Ihnen die Herstellung von Café und Espresso. Sie sollen die Unterschiede Ihren Kolleginnen erklären. Da nur frische Kaffeebohnen gute Kaffeegetränke ergeben, achten Sie auf die optimale Lagerung.

1 Durch Wärme, Feuchtigkeit, Licht und Sauerstoff der Luft geht der Geschmack des Kaffees verloren. Erklären Sie, wie Kaffeebohnen und gemahlener Kaffee gelagert werden sollen.

- ______
- ______
- ______
- ______

Je ______ die Kaffeebohnen, desto ______ die Kaffeegetränke.

2 Ein Gast bestellt eine Tasse Kaffee und seine Begleitung einen Cappuccino, der aus Espresso hergestellt wird. Erklären Sie mithilfe der Beschreibung wie Kaffee und Espresso im Kaffeevollautomat hergestellt werden.

> Für Kaffee sollten die Kaffeebohnen nicht zu fein und auch nicht zu grob gemahlen werden. Frisches, kaltes Wasser wird für die Kaffeezubereitung erhitzt, das dann durch das Kaffeepulver fließt und aromatischer Kaffee in die Tasse läuft. Bei Wasser unter 92 °C lösen sich zu wenige Aromastoffe, bei über 96 °C heißem Wasser gehen die Aromastoffe des Kaffees verloren.
>
> Bei der Herstellung von Espresso wird 88 bis 94 °C heißes Wasser mit starkem Druck durch das sehr fein gemahlene Espressopulver gepresst. In der kurzen Zeit, in der das Wasser durch das Espressopulver läuft, lösen sich zwar alle Aromastoffe, jedoch nur wenige Säuren und Bitterstoffe, das den Espresso bekömmlicher als Kaffee macht. Der kräftige Espressogeschmack entsteht durch die starke Röstung der Kaffeebohnen zu Espressobohnen.

LF 3.4

Kaffee:

Feinheitsgrad der gemahlenen Kaffeebohnen für Kaffee: ______

Wassertemperatur zur Kaffeeherstellung: ______

Wie entsteht aus Kaffeepulver und heißem Wasser der Kaffee?

______

______

Espresso:

Röstung der Espressobohnen: ______ Espressogeschmack: ______

Feinheitsgrad der gemahlenen Kaffeebohnen: ______

Wassertemperatur: ______

Besonderheit der Espressoherstellung: ______

______

Durch den kurzen Kontakt des heißen Wassers mit dem Espressopulver lösen sich alle ______, jedoch wenige ______.

Deshalb ist Espresso ______ als Kaffee.

Tee

Eine Kollegin vermutet, dass Tee trinkende Menschen konzentrierter und ruhiger handeln als Menschen, die viel Kaffee trinken. Diskutieren Sie, ob dies mit den Inhaltsstoffen zu erklären ist.

1 Woraus wird Tee hergestellt?

2 Geben Sie die Inhaltsstoffe der Teeblätter an und beschreiben Sie deren Wirkungen auf den Körper beim Teetrinken.

Inhaltsstoffe des Tees	Wirkungen
Tee enthält 2 bis 4 % ______ .	Es steigert die Durchblutung des ______ und stimuliert leicht das Nervensystem.
Tee enthält 5 bis 12 % ______ .	Geschmack: ______ Gesundheit: ______
Tee enthält 4 bis 6 % ______ .	allgemeine Wirkung: ______
Tee enthält ca. 1 % ______ .	Geruch und Geschmack: ______

3 Benennen Sie anhand der Abbildung die zwei Teesorten. Der Text erklärt, wie Teeblätter zu den verschiedenen Teesorten bearbeitet werden. Ergänzen Sie die Sätze mit den vorgegebenen Wörtern.

ätherische – aufbrechen – dunkel – fermentiert – Fermentation – Gerbstoffe – getrocknet – grüne – grüner – haltbar – herb-bitterer – Koffein – Öle – schwarzer – Tee – Tee – Zellsaft

Teesorte mit dunklem Aufguss: ______

- Die Teeblätter werden über Rollen gedreht (gerollt), sodass die Zellen der Teeblätter ______ und der ______ frei wird.
- Bei der anschließenden ______ der Teeblätter bei feuchtwarmer Luft entwickeln sich ______ und das ______ wird freigesetzt.
- Die Teeblätter werden getrocknet und färben sich dabei ______ und bleiben lange ______ .

Teesorte mit hellem Aufguss: ______

- Die Teeblätter werden ______ und behalten die ______ Farbe.
- Die Teeblätter für grünen Tee werden nicht wie schwarzer Tee ______ und enthalten dadurch mehr bittere ______ . Grüner Tee schmeckt deshalb etwas ______ als schwarzer Tee.

Name:	Klasse:	Datum:

LF 3.4

Kräuter- und Früchtetees, Teeherstellung

Ein Gast erzählt, dass er abends keinen Tee trinken könne, weil er dann Schlafbeschwerden bekäme. Sie bieten ihm teeähnliche Erzeugnisse an und erklären ihm die Unterschiede zum Tee. Dabei gehen Sie auch auf die Ziehzeiten der verschiedenen Teesorten ein.

1 Tees, die nicht aus den Blättern des Teestrauches hergestellt werden, sind teeähnliche Erzeugnisse. Zählen Sie Beispiele auf für Kräuter- und Früchtetees aus getrockneten Blättern, Blüten, Früchten u. a.

2 Nennen Sie die zwei Inhaltsstoffe, die den Kräuter- und Früchtetees im Vergleich zum schwarzen und grünen Tee fehlen und die zwei Inhaltsstoffe, die in allen Teesorten enthalten sind. Beantworten Sie anschließend die Fragen zur besonderen Eignung der Tees.

fehlende Inhaltsstoffe	gleiche Inhaltsstoffe
•	•
•	•

3 Beschreiben Sie die Herstellung von schwarzem Tee sowie Kräuter- und Früchtetees.

- Teemenge für eine Tasse, ca. 200 ml:
  - ______ oder
  - ______, ca. 2 g
- Frisches Wasser ______ und auf ______ lassen.
- Das ca. 95 °C heiße Wasser über die ______ ______ und den Tee ______.

4 Erklären Sie die Auswirkungen der angegebenen Ziehzeiten auf den schwarzen Tee.

Ziehzeit 1 bis 3 Minuten	Ziehzeit 3 bis 5 Minuten
hauptsächlich gelöster Stoff: ______	hauptsächlich gelöste Stoffe: ______ Diese Stoffe binden ______
Wirkung des Tees ______	Wirkung des Tees: ______
Teegeschmack: ______	Teegeschmack: ______

Ziehzeit länger als 5 Minuten:

Es lösen sich immer mehr ______, der Teegeschmack wird zunehmend ______.

Kräuter- und Früchtetees erreichen das volle Aroma nach ______ Minuten Ziehzeit.

Während der langen Ziehzeit werden sie nicht bitter, weil sie keine ______ enthalten.

5 Beschreiben Sie die Zubereitung von grünem Tee.

- Frisches Wasser ______ und auf ca. ______ °C abkühlen lassen.
- Das Wasser über die grünen Teeblätter gießen und ca. ______ Minuten ziehen lassen. Grüner Tee enthält mehr ______, deshalb ist die Ziehzeit kürzer, sonst wird der Tee ______.

Kaffeegetränke

Sie bereiten am Büfett im Café die von den Gästen bestellten Kaffeegetränke für die Bedienungen zu. Dafür benutzen Sie auch die richtigen Tassen bzw. Gläser.

1 Welche Kaffeemenge enthält eine Tasse Kaffee? ________ ml

Wie viel Kaffeepulver werden dafür benötigt? ________ g

Für Espresso der verschiedenen Kaffeegetränke wird die gleiche Menge Pulver

von ____________________ verwendet.

2 Erklären Sie bekannte Kaffeegetränke.

Kaffeegetränke	Besonderheiten
Tasse Kaffee	eine Tasse ____________, serviert mit ____________ und ____________ bzw. ____________ 
Cappuccino	• in einer großen Cappuccinotasse: ____________ • obendrauf: ____________ • Alternative: ____________ • Dekor: ____________ 
Milchkaffee oder Melange	große Kaffeetasse mit 200 bis 230 ml: • ____________ • ____________
Latte macchiato	in einem Kaffeeglas mit 200 ml ergeben sich drei Farbschichten aus: • unten: ____________ • in der Mitte: ____________ • oben: ____________ 
Espresso	in einer kleinen dickwandigen Espressotasse: • ca. ______ g starker ____________ Espressopulvermenge: ____________ • servieren mit ____________ 
Eiskaffee	ein hohes gekühltes Glas • in das Glas portionieren: ____________ • das Glas füllen mit: ____________ • obendrauf: ____________ • Dekor: ____________ 
Kaffee mit Schuss	• eine Tasse ____________ • in einem speziellen Glas dazu servieren: ____________, z. B. ____________ ____________ 

Name:	Klasse:	Datum:

LF 3.4

Milchgetränke

Für die Bedienungen im Café richten Sie verschiedene Milchgetränke und Milchmixgetränke her. Sie geben diese in die entsprechenden Gläser und stellen sie zum Servieren bereit.

1 Tragen Sie die nachfolgenden Stichworte, in der richtigen Reihenfolge zu den passenden Milchgetränken ein, von der Zubereitung bis zum Servieren.

große Tasse für 200 ml – Trinkhalm und Eislöffel – Schokoladenspäne – bis 70 °C heiße Milch – kleiner Löffel – ca. 15 g Schokoladenpulver – zwei Kugeln Vanilleeis – Schlagsahnehaube – gekühltes hohes Glas – Schokosoße – Schlagsahnehaube – kalte Trinkschokolade

Trinkschokolade	Eisschokolade
1. ______	1. ______
2. ______	2. ______
3. ______	3. ______
4. ______	4. ______
5. ______	5. ______
6. ______	6. ______

2 Tragen Sie die Zutaten für die Bananenmilch in das Rezept ein und beschreiben Sie die Herstellung dieses Milchmixgetränks.

Rezeptur	Herstellung
200 g ______	• ______
160 g ______	______
ein Spritzer ______	______
Milchmixgetränke können auch mit	• ______
anderen Früchten hergestellt wer-	______
den, z. B. mit ______	______

3 Erklären Sie, was man unter Milchshakes versteht, indem Sie den Text ergänzen. Tragen Sie die Zutaten im Rezeptbeispiel des Erdbeershakes ein und beschreiben Sie die Herstellung.

Milchshakes sind Milchmixgetränke aus:	Rezepturbeispiel:	Herstellung:
• ______	200 g ______	• ______
• ______	150 g ______	______
• ______	100 g ______	• ______
		______

4 Beschreiben Sie, wie Milchmixgetränke mit Früchten serviert werden.

Temperatur der Milch: ______

Gläser: ______

Auf Unterteller servieren mit ______

LF 3.4

Erfrischungsgetränke

Eine neue Praktikantin soll am Cafébüfett die Getränke herrichten. Sie sind für ihre Einarbeitung zuständig. Damit die Praktikantin die Erfrischungsgetränke unterscheiden kann, erklären Sie ihr die Fruchtgetränke, Limonaden und Mineralwasser.

1 Benennen Sie die Fruchtgetränke und tragen Sie den Fruchtsaftgehalt entsprechend den Bestimmungen der Leitsätze ein.

Fruchtsaftgehalt: ___ %

Fruchtsaftgehalt: ___ %

Fruchtsaftgehalt:
- Kernobst und Trauben ___ %
- Zitrusfrüchte ___ %
- alle anderen Früchte ___ %

Fruchtsaftschorlen setzen sich zusammen aus

mindestens ___ % ___ und ___, z. B. ___.

2 Nennen Sie die Grundbestandteile von Limonaden.

- Hauptbestandteil: ___
- mindestens 7 % ___
- natürliche ___
- 3 bis 15 % ___

3 Nennen Sie die abgebildeten speziellen Limonaden und geben Sie die zusätzlichen typischen Zutaten an.

dunkle Limonade: ___ anregender Stoff: ___ Farbstoff: ___

Cola Light: enthält statt Zucker ___

gemischte Limonade: ___ halb ___, halb ___

Limonaden mit dem Bitterstoff Chinin: • ___ • ___

4 Erklären Sie „natürliches Mineralwasser". Beschreiben Sie auch, wie Mineralwasser nach den gesetzlichen Bestimmungen im Café serviert werden muss. Setzen Sie die richtigen Wortteile zusammen und füllen Sie die Lücken des Textes mit den Wörtern.

etikett – flasche – Flaschen – frischer – geöffnet – Glas – Kohlen – magen – Mineral – Namen – Original – Quelle – säure – stoffen – verträglicher – Wasser

Erklärung: Natürliches Mineralwasser ist reines ___ mit vielen ___, das so aus der ___ kommt. Der einzige erlaubte Zusatz in Mineralwasser ist ___, damit es ___ wirkt; ohne Kohlensäure ist Mineralwasser ___.

Bestimmungen beim Servieren: Mineralwasser muss in der ___ serviert werden, die direkt beim Gast ___ wird.

Als Service für den Gast: Etwas Mineralwasser in ein ___ schenken und die Flasche so auf den Tisch stellen, dass der Gast das ___ mit dem ___ der Quelle sehen kann.

Name:	Klasse:	Datum:

LF 3.4

Biere

Ein Gast in Ihrem Café kennt die Unterschiede der angebotenen Biersorten nicht und ist sich deshalb bei der Bestellung unschlüssig. Sie erläutern ihm die Geschmacksvarianten der Biere.

1 Tragen Sie die Zutaten ein, aus denen Biere hergestellt werden, und ergänzen Sie den Text über die Bedeutung der einzelnen Zutaten.

Zutaten	Bedeutung
• ______ Getreideart: ______ , für Weizenbiere: ______ und ______ 	Die Stärke des Getreides wird von Enzymen zu ______ abgebaut; es entsteht Malz. Malz gibt den Bieren durch den Malzzucker einen ______ , d. h. gering süßlichen Geschmack. Das Malz wird bei hohen Temperaturen ______ und somit getrocknet. Malz bei ca. 80 °C gedarrt, bleibt hell für ______ Biere. Beim Darren von ca. 110 °C entsteht dunkles Malz für ______ Biere.
• ______ 	Die Wirkung auf die Biere: • Er gibt einen feinen ______ Geschmack. • Er festigt den ______ im Bierglas. • Er wirkt beim Trinken beruhigend und leicht ______ .
• ______	Bier besteht zu über 90 % aus Wasser. Weiches bis mittelhartes Wasser ist deshalb entscheidend für die ______ der Biere.
• ______	Sie ______ den Zucker des Malzes zu ______ und ______ , woraus die Kohlensäure im Bier entsteht.

LF 3.4

2 Nennen Sie Bezeichnungen für Biere mit folgendem Alkoholgehalt:

Alkoholgehalt	Biersorten
höchstens 0,5 % vol	______
ca. 3 % vol	______
ca. 5 % vol	______ ______
über 6 % vol	______

3 Erläutern Sie das Getränk Radler bzw. Alsterwasser.

______

4 Wo sollten Biere gelagert werden und bei welcher Temperatur schmecken sie am besten?

Lagerung: ______ ideale Trinktemperatur: ______

5 Ein Gast beschwert sich, weil der Bierschaum völlig zusammengefallen ist und das Bier somit unappetitlich aussieht. Welche Ursachen können vorliegen?

______

Weine, Weinreben, Weinherstellung

Im Rahmen einer Fortbildungsveranstaltung besichtigen Sie ein Weingut. Dort können Sie bei der Weinlese zuschauen und die anschließende Weinherstellung wird Ihnen erläutert. Nach der Veranstaltung sollen Sie in Ihrem Berichtsheft die verschiedenen Weine und deren Herstellung beschreiben.

1 Nennen Sie die Weinarten, die aus folgenden Weintrauben hergestellt werden, und ziehen Sie Pfeile von den Weintrauben zu den Weinarten.

Weinarten: • ______ • ______ • ______

2 Woher erhalten Rotweine und Roséweine ihre Rotfärbung, obwohl der Most (Saft) aller Weintrauben hell ist? Ergänzen Sie die erklärenden Sätze.

Während der Gärung der Weine lösen sich ______ aus den ______ der blauen Weintrauben und färben den Wein ______. Für Roséweine werden nach der ______ die ______ der blauen Weintrauben vom gärenden Most getrennt.

3 Jedes Weinanbaugebiet hat seine speziellen Rebsorten. Tragen Sie in die Kästchen vor den folgenden Rebsorten deutscher und europäischer Weine ein „W" für Weißwein und ein „R" für Rotwein und Roséwein ein.

☐ Riesling	☐ Silvaner	☐ Blauer Spätburgunder	☐ Müller-Thurgau
☐ Trollinger	☐ Portugieser	☐ Schwarzriesling	☐ Bacchus
☐ Kerner	☐ Chardonnay	☐ Merlot	☐ Cabernet Sauvignon
☐ Gewürztraminer	☐ Scheurebe	☐ Domina	☐ Lemberger

4 Benennen Sie die beschriebenen Begriffe der Weinherstellung.

Abnehmen (ernten) der Weintrauben von den Rebstöcken: ______ → Zerquetschte Weintrauben aus Saft, Schalen und Kernen: ______ → Beim ______ (Pressen) der Maische trennen sich → Traubensaft: ______ / Schalen, Kerne: ______

Durch Zugabe von Weinhefe in den Most erfolgt die ______ → Während dieser Zeit wird der Zucker des Mosts vergoren zu ______ → Nach dem Gären erfolgt bei der monatelangen Lagerung in Fässern die ______ → Der reife, trinkfertige Wein wird zum Verkauf abgefüllt in ______

Der Wein, der nach kurzer Gärung entnommen wird und somit erst einen geringen Alkoholgehalt besitzt, wird bezeichnet als ______.

Name:	Klasse:	Datum:

Weine: Qualitätsstufen, Geschmacksrichtungen, Lagerung

Im Café nehmen Sie folgende Bestellung auf: einen trockenen Rotwein und einen Weißwein – Spätlese, halbtrocken. Sie servieren die Weine in passenden Gläsern und in Trinktemperatur.

1 Nennen Sie die Qualitätsstufen und die Prädikatsstufen deutscher Weine.

Je höher das Prädikat der Weine, desto länger hingen die Weintrauben an den Reben und desto reifer waren sie. Deshalb haben Prädikatsweine einen höheren ______________ und schmecken somit ______________.

Prädikatsstufen:

6. ______________
5. ______________
4. ______________
3. ______________
2. ______________
1. ______________

Beschreibung	Qualitätsstufe
Höchste Qualität der Weine; aus einem Weinanbaugebiet mit geschütztem Ursprung.	______________
Hohe Qualität der Weine; aus einem Weinanbaugebiet mit geschütztem Ursprung.	______________
Weine mit etwas höherer Qualität; stammen aus einem deutschen Landweingebiet.	______________
Einfache Weine aus deutschen Weintrauben und in Deutschland hergestellt.	______________

LF 3.4

2 Der Restzucker ist der Zucker des Weintraubensaftes, der nicht vergoren wird und im Wein übrig bleibt. Geben Sie die Geschmacksrichtungen der Weine nach dem Restzuckergehalt an.

Restzuckergehalt	bis 9 g/l	bis 18 g/l	bis 45 g/l	mindestens 45 g/l
Geschmacksrichtung	______________ nicht süß schmeckend	______________ gering süßlich	______________ süßlich	______________ süß schmeckend

3 Beschreiben Sie die richtige Lagerung der Weine in Flaschen.
Nennen Sie die Weinarten, die bei folgenden Temperaturen gelagert und serviert werden sollten:

8 bis 13 °C: • ______________ • ______________ 15 bis 18 °C: ______________

Erklären Sie mithilfe des folgenden Textes die ideale Lagerung der Weinflaschen:

- Weine vertragen bei der Lagerung keine Temperaturschwankungen. ______________
- Weine sind sehr lichtempfindlich. ______________
- Weine sollten ruhig gelagert werden. ______________
- Der Korken der Weinflaschen sollte vom Wein umspült werden, damit dieser nicht austrocknet und dadurch porös wird, sodass Luft eindringen kann und der Wein verdirbt. ______________

Schaumweine, Likörweine

Ein Gast bestellt bei Ihrer Kollegin ein Glas Champagner. Die Kollegin ist sich unsicher und fragt Sie, welchen Sekt sie nehmen soll und welches Glas sich am besten eignet. Sie erklären ihr, dass Champagner eine Herkunftsbezeichnung ist und geben ihr ein hohes Sektglas, damit das Getränk moussieren kann.

1 Beschreiben Sie die Herstellung der Schaumweine und erklären Sie die Begriffe „Schaumweine" und „Sekt", indem Sie den Text der Herstellung mit den Wörtern ergänzen. Bilden Sie Sätze zu den Begriffen.

Herstellung: CUVÉE – GÄRUNG – HEFE – KOHLENSÄURE – VERSCHIEDENE – WEINE – ZUCKER – ZWEITE
Begriffe: Weine – Kohlensäure, gute Weine – Qualität

Herstellung:

- ___ ___ werden zu einer ___ (sprich: Küweh) verschnitten (gemischt).
- In die Cuvée werden ___ und ___ zugegeben.
- In den Weinen erfolgt eine ___ ___ , bei der Alkohol und Kohlenstoffdioxid gebildet wird und viel ___ entsteht.

Begriffe:

- Schaumweine ___
- Sekt ist Schaumwein aus ___

2 Nennen Sie Sektsorten bester Qualität mit Herkunftsbezeichnung, die nur in den angegebenen Ländern hergestellt werden dürfen.

Frankreich: ___ Italien: ___

3 Erklären Sie Perlweine, auch Secco genannt, die nicht zu den Schaumweinen gehören.

Perlwein ist ___ , dem ___ zugegeben wird, z. B. Prosecco Frizzante.

LF 3.4

4 Geben Sie die Menge des Inhalts an bei

- 1 Glas Sekt: ___ ml
- kleinste Flasche Sekt (Piccolo): ___ l, ergibt ___ Gläser Sekt

5 Bei wie viel °C soll Sekt serviert und getrunken werden? ___

6 Aus welchen Bestandteilen werden Likörweine hergestellt?

- ___
- zusätzlich ___
- stark zuckerhaltiger ___

Likörweine besitzen einen Alkoholgehalt von 15 bis 22 % vol. Erklären Sie Likörweine.

___

In welchen Gläsern werden Likörweine getrunken?

___ Inhalt: ___

Bekannte Likörweine sind: ___ (Spanien),
___ (Portugal), ___ (Griechenland),
___ (Ungarn), ___ (Italien)

Name:	Klasse:	Datum:

Spirituosen

Zwei Gäste lassen sich von Ihnen beraten, welche Schnäpse und Liköre zum Kaffee passen. Sie bieten ihnen Cognac, Kirschwasser, Grappa, Amaretto sowie Grand Marnier an und erklären, woraus diese Getränke hergestellt werden.

1 Wie wird der Alkoholgehalt bei alkoholhaltigen Getränken angegeben und wie hoch ist der Mindestalkoholgehalt von Spirituosen?

Alkoholangabe: ______ Mindestalkoholgehalt: ______

2 Vervollständigen Sie die Beschreibung der alkoholischen Gärung.

Alkoholische Gärung in zuckerhaltigen Flüssigkeiten, z. B. in Weintraubensaft, Kirschsaft oder Saft anderer Obstsorten, Zuckerrohrsaft:

Mikroorganismen zum Gären: ______

↓

Sie vergären den ______

Bei der Gärung entstehen

↙ ↘

______ ______

Nach der Gärung enthält die Flüssigkeit bis 15 % vol, z. B. aus Weintraubensaft wird ______.

3 Beschreiben Sie das Destillieren (Brennen) von Alkohol anhand der Zeichnung, indem Sie den Text ergänzen.

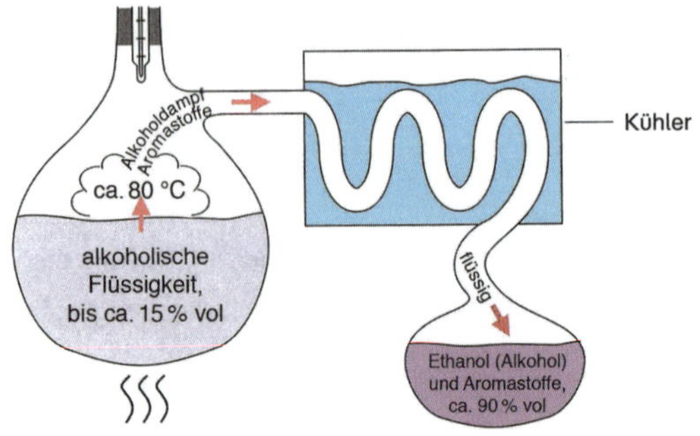

Beim Erhitzen verdampft Wasser bei ______ °C, Alkohol (Ethanol) bei 78,3 °C und die Aromastoffe bei 78,5 °C. Beim Destillieren werden die alkoholischen Flüssigkeiten auf ca. ______ °C erhitzt, sodass ______ und ______ gasförmig nach oben steigen. Der Alkoholdampf wird dann ______ und wird so wieder ______, sodass ein ______ aus reinem Alkohol mit Aromastoffen entsteht, das eine ______ Farbe hat.

4 Benennen Sie die Spirituosen aus Weindestillat.

deutsche Bezeichnung	internationale Bezeichnung	französisches Qualitätserzeugnis	italienischer Tresterbrand

5 Nennen Sie bekannte Spirituosen aus Obst.

______

Woraus werden folgende Spirituosen hergestellt und destilliert?

Rum: ______ Whisky/Whiskey, Wodka: ______

6 Geben Sie an, aus welchen Bestandteilen Liköre hergestellt werden.

Grundlikör: • ______ • ______ • ______

geschmackgebende Zutat, z. B. ______

Bekannte Liköre sind: ______

LF 3.4

Servieren von Getränken

Sie sollen in Zukunft nicht nur im Geschäft verkaufen, sondern auch im Café bedienen. Ihre Filialleiterin erläutert Ihnen daher, welche Getränke in welchen Gläsern und Tassen serviert werden. Außerdem üben Sie mit ihr das Servieren und Abservieren von Kaffeegetränken, Fruchtsaft in der Flasche und Wein in der Karaffe.

1 Beschreiben Sie, was Sie beim Herrichten der Gläser und Tassen beachten.

Kontrolle der Gläser und Tassen vor dem Füllen bzw. Servieren, damit Gäste nicht verärgert werden:

Gläser, Tassen und Kännchen für warme Getränke:

Vermeiden von unhygienischem Anfassen der Gläser und Tassen, auch beim Abservieren:

Wie kann der Gast die angegebene Menge eines Getränks im Glas kontrollieren?

2 Nennen Sie die Getränke, zu denen die angegebenen Servier- und Trinktemperaturen passen.

1–3 °C:

5–8 °C:

7–9 °C:

7–10 °C:

10–13 °C:

15–18 °C:

16–20 °C:

3 Erklären Sie anhand der Abbildung

- das fachgerechte Tragen von Getränken zum Gast.
- das Einsetzen der Getränke beim Gast.

4 Geben Sie an, wie Sie eine Tasse Kaffee- oder Teegetränk bzw. heiße Schokolade auf dem Tisch beim Gast servieren.

Platzieren der Tasse:

Richtung des Henkels:

Lage des kleinen Löffels:

5 Wie stellen sie eine Flasche auf den Tisch des Gasts ab?

Name:	Klasse:	Datum:

LF 3.4

Servieren von Speisen

Sie sollen eine neue Kollegin für das Servieren im Café anlernen. Dafür zeigen Sie ihr das Servieren eines Tortenstücks mit einem Kaffeegetränk und das Eindecken eines Frühstücksgedecks sowie eines Grundgedecks für Speisen.

1 Beschreiben Sie anhand der Abbildung, wie ein Stück Torte oder anderes Gebäckstück auf einem Teller serviert wird.

Platzierung des Tellers auf dem Tisch des Gasts:

Platzierung der Kaffeetasse auf dem Tisch:

Stellung eines Tortenstücks auf dem Teller:

Kleine Gabel:

2 Zählen Sie auf, welche Bestandteile zu einem erweiterten Frühstück wie in der Zeichnung gehören.

1
2
3
4
5
6
7
8
9
10
11
12
13 und
14

3 Beschreiben Sie, wie ein Gedeck für ein Menü mit Suppe, Dessert und Getränk auf dem Tisch des Gasts platziert wird.

Messer:

Schneideseite des Messers:

Löffel:

Gabel:

Dessertlöffel:

Getränk:

Serviette:

Die Grundregel, welche Bestecke rechts und links vom Teller liegen, lautet:

LF 3.4

Aktionen: Anlässe, Bedeutung und Aktionsplan

Die Geschäftsleitung Ihrer Bäckerei/Konditorei plant gemeinsam mit den Mitarbeitern aus Verkauf und Produktion eine Aktion. Sie suchen nach passenden Anlässen für Aktionen, erfassen das Ziel für den Betrieb und stellen die einzelnen Schritte für einen Aktionsablauf zusammen.

1 Nennen Sie Beispiele von Anlässen für Aktionen in Bäckereien und Konditoreien.

Auf Besonderheiten im Betrieb aufmerksam machen:

_____

Vorstellung spezieller Erzeugnisse der Bäckerei/Konditorei:

_____

In der Vorzeit festlicher Feiertage und zu saisonalen Festen:

_____

Zu großen Sportereignissen:

_____

Wohltätigkeitsveranstaltungen, auch zusammen mit anderen Firmen oder Vereinen:

_____

2 Erklären Sie, warum Bäckereien und Konditoreien mit Aktionen den Umsatz steigern können. Ergänzen Sie dafür die Sätze mit folgenden Wörtern:

bekannt – enger – Erinnerung – gebunden – gewonnen – Image – Konkurrenz – neue – neue – vielen – vorgestellt

- Die Bäckerei/Konditorei wird durch Aktionen bei _____ Menschen _____ oder in _____ gebracht. Dadurch können _____ Kunden _____ werden und Stammkunden sowie Gelegenheitskunden werden _____ an den Betrieb _____ .
- Bei einer Aktion können _____ Waren _____ werden.
- Durch die Demonstration der Leistungsfähigkeit kann sich die Bäckerei/Konditorei von der _____ _____ abheben und das _____ des Betriebs verbessern.

LF 3.5

3 Benennen Sie die einzelnen Schritte bei der Umsetzung einer Aktion.

Zeitplan:	Sortimentsangebot:	Material ermitteln:	Bekanntmachen:

Reibungslose Durchführung:

_____

Wirtschaftlichkeit:

_____

Name:	Klasse:	Datum:

Aktion: „Festtagstorten“

Kunden wünschen häufig individuell gestaltete Festtagstorten für die verschiedensten Anlässe. Festtagstorten sind deshalb das Thema einer Aktion in Ihrem Betrieb. In Teamarbeit fassen Sie die Ideen für diese Aktion in einem Brainstorming zusammen.

1 Überlegen Sie sich drei verschiedene Mottos für die Aktion.

-
-
-

2 Geben Sie Beispiele an, welche Festtagstorten den Verbrauchern ganzjährig bei Aktionen gezeigt und angeboten werden können.

-
-
-
-

In welcher Form können den Kunden verschiedene Festtagstorten zur Anschauung gezeigt werden?

3 Legen Sie einen günstigen Zeitplan für die Aktion „Festtagstorten“ fest.

ideale Jahreszeiten: | Dauer der Aktion: | Wochentage:

4 Im Verkaufsraum soll ein Kollege zu bestimmten Zeiten die Herstellung von verschiedenem Tortendekor für Festtagstorten demonstrieren. Welche Dekormöglichkeiten kann er den Verbrauchern zeigen?

-
-
-

LF 3.5

Wie kann während der Aktion den Kunden zu jeder Zeit die Herstellung von Festtagstorten ausführlich gezeigt werden?

5 Welchen Kaufanreiz kann die Bäckerei/Konditorei bei der Aktion den Verbrauchern zum Bestellen einer Festtagstorte bieten?

- Bei einer Vorbestellung während der Aktion oder einer Bestellung innerhalb der nächsten drei Monate:
- Bei einem Gewinnspiel, z. B. einem einfachen Kreuzworträtsel oder Ziehung von Losen:

6 Formulieren Sie einen Satz für ein Werbeplakat anlässlich einer Aktion zum Thema „Kindergeburtstagstorten“.

Aktion: „Fitnesswoche" I

Ihr Betrieb plant unter dem Motto „Gesund und fit – mit Backwaren aus Ihrer Bäckerei" eine Aktion. Zuerst orientieren und informieren Sie sich, um anschließend zu planen und die Aktionstage durchzuführen.

1 Geben Sie an, in welchem Zeitraum gesunde Ernährung und Fitness die Verbraucher besonders anspricht und wie lange die Aktion durchgeführt werden sollte.

Zeitraum:

Dauer:

2 Markieren oder unterstreichen Sie Erzeugnisse für die gesunde Ernährung, die während der Aktion angeboten werden können.

Weizenkleingebäcke, Bio-Brötchen, Ciabattas mit Olivenöl, Vollkornbrötchen, Vollkornbrote, Stangenweißbrote, Mehrkornbrötchen mit Ölsamen, Vollkorntoast, Hefezöpfe, Butterkuchen, Joghurtsahnerouladen, Natursauerteigbrote, Schrotbrote, Plundergebäcke, Blätterteiggebäcke, Mohnkuchen, Gemüse-Käsesnacks, Tomaten-Mozzarella-Vollkornsnacks, Teegebäcke, Obstsalat, Käsestangen, Müsliriegel, Spritzgebäcke, Makronengebäcke, Fitnessfrühstück, Buttercremedesserts, Salatteller, Toast Hawaii, Milchgetränke, Limonaden, Fruchtsäfte, Eisbecher, Früchte- und Kräutertees, verdauungsfördernde Spirituosen, Mineralwasser

3 Die verwendeten Getreideerzeugnisse sowie das Obst und Gemüse sollten bestimmte Bedingungen erfüllen, damit sie besonders gesund und werbewirksam sind. Nennen Sie diese Bedingungen.

- Getreideerzeugnisse:
- Obst und Gemüse:

4 Welche Möglichkeiten gibt es, die Aktion einer möglichst großen Zielgruppe rechtzeitig bekannt zu machen?

Medien:

Computer:

im und vor dem Betrieb:

LF 3.5

5 Nennen Sie geeignete Dekorationsmaterialien für die Aktion.

Auf einem Dekorationstisch ausstellen:

6 Zählen Sie mögliche Kooperationspartner für eine Fitnesswoche auf.

Name:	Klasse:	Datum:

Bei der Aktion „Gesund und fit – mit Backwaren aus Ihrer Bäckerei" diskutieren Sie in Ihrem Betrieb, welche Kaufanreize den Kunden während der Aktion gegeben werden können. Nach der Aktion wertet die Betriebsleitung mit Ihnen und weiteren Mitarbeitern die Aktion aus, um zu überprüfen, ob die Aktion ein Erfolg war.

1 Nennen Sie Beispiele für kleine Kostproben oder kostenlose Geschenke, die bei der Aktion den Kaufanreiz erhöhen.

2 Gewinnspiele locken Kunden an. Kreuzen Sie auf folgendem Gewinnzettel die richtigen Antworten an.

Gewinnen Sie ein Fitnessfrühstück!

Kreuzen Sie die richtigen Antworten an.

Vollkornbackwaren enthalten

- ☐ nur das Mehl der Getreidekörner.
- ☐ das Mehl und die Schalen der Getreidekörner.
- ☐ die vollen Getreidekörner mit Mehl, Schalen und Keimlingen.

Vollkornbackwaren besitzen einen hohen Anteil an

- ☐ Ballaststoffen, Mineralstoffen und Vitaminen.
- ☐ Zucker und Eiweiß.
- ☐ Gewürzen.

Die Wirkungen von Vollkornbackwaren für die Ernährung:

- ☐ Sie fördern die Verdauung.
- ☐ Sie geben ein lang anhaltendes Sättigungsgefühl.
- ☐ Sie eignen sich allgemein für die gesunde Ernährung.

Geben Sie weitere Möglichkeiten für Gewinnspiele an.

-
-

Wie kann ein Kaufanreiz von Waren der Aktion für die Kunden erzielt werden?

3 Die Betriebsleitung, die die gesamte Aktion beobachtet hat, wertet die Aktion zusammen mit den Mitarbeitern aus. Ergänzen Sie die Fragen für eine Auswertung und Bewertung.

- Finanzielle Auswertung der Betriebsleitung: Sind die geplanten ______ eingehalten worden? Ist der geplante ______ erreicht worden?
- Auswertung mit den Mitarbeitern:

  Waren bei der Zeitplanung die ______ und ______ richtig gewählt?

  Welche ______ waren besonders gefragt und beliebt?

  Reichte das anwesende ______, damit keine Arbeitsüberlastung bestand?

  Waren die Kunden ______? Gab es ______ von Kunden?

  Gab es von den Kunden ______, ______ und ______?

  War die ______ ausreichend?

  Welche Werbemaßnahmen waren besonders ______?
- Schlussüberlegung: Was kann bei einer neuen Aktion ______ werden?

LF 3.5